Brecht: Um Jogo de Aprendizagem

Coleção Estudos
Dirigida por J. Guinsburg

Equipe de realização – Revisão: Shizuka Kuchiki: Produção: Ricardo W. Neves, Sergio
Kon e Lia N. Marques.

Ingrid Dormien Koudela

BRECHT: UM JOGO DE APRENDIZAGEM

PERSPECTIVA

Dados Internacionais de Catalogação na Publicação (CIP)
(Câmara Brasileira do Livro, SP, Brasil)

Koudela, Ingrid Dormien
Brecht, um jogo de aprendizagem / Ingrid
Dormien Koudela. – 2. ed. São Paulo : Perspectiva,
2010. – (Coleção Estudos ; 117 / dirigida por J.
Guinsburg)

Bibliografia.
ISBN 978-85-273-0045-2

1. Brecht, Bertold, 1898-1956. Jogos Educacionais I.
Título. II. Série

91-1482   CDD-792.01
                                                    371.39

Índices para catálogo sistemático:
1. Brecht, Bertold: Peça didática: Teoria: Teatro   792.01
2. Jogos: Métodos de ensino: Educação   371.39
3. Jogos teatrais: Teoria: Artes   792,01

2ª edição
[PPD]

Direitos reservado à
EDITORA PERSPECTIVA LTDA.
Av. Brigadeiro Luís Antônio, 3025
01401-000 São Paulo SP Brasil
Telefax: (011) 3885-8388
www.editoraperspectiva.com.br

2020

Aos meus filhos, Bruno e Maia, que tiveram uma companheira rabugenta quando a redação não progredia e uma ausente, quando ela caminhava bem.

A JACÓ GUINSBURG

Mobilizador de todo o processo, é a ele que devo minha "forma" intelectual. Sua marca me acompanha da fenomenologia ao marxismo, em busca de sínteses.

Como orientanda da tese de doutoramento defendida na ECA/USP, imenso foi o prazer que tive neste longo diálogo entre nós estabelecido, sendo o caminho percorrido muitas vezes "dos mais ásperos".

A segurança propiciada pela orientação do mestre ainda é pouco para configurar a importância do pensador que no seu trabalho teórico sobre o teatro e como editor, tradutor, ensaísta, professor, me abriu um largo horizonte de referências que tornam possível o aprofundamento da peça didática exigido por Bertolt Brecht.

Nova em Brecht é a atitude. E a novidade é que ela pode ser aprendida.

WALTER BENJAMIN

A peça didática é defendida, ao ser aprofundada.

BERTOLT BRECHT

Sumário

Apresentação – *Alberto Guzik*. XV

Introdução XXI

1. Teoria.   1

2. Dramaturgia e Encenação. 33

3. Didática 99

4. O Jogo Teatral. 119

5. O Jogo Teatral e o Futuro do Teatro. 161

Bibliografia 173

Apresentação

Em 1969, saído há dois anos da Escola de Arte Dramática enquanto buscava encontrar ou definir minha forma de expressão no campo do teatro, eu trabalhava na editora que ora publica este livro. E simultaneamente aventurava-me a dirigir espetáculos e a redigir as primeiras tentativas (tímidas) no campo do ensaio. Acabava de chegar de New York, onde passei alguns meses faltando sistematicamente às aulas do curso de inglês, que me levou lá. E assistindo a tudo o que podia de teatro. Experimental, principalmente. Foi uma época gloriosa para o teatro de pesquisa em New York. Entrei em contato com a Performing Garage, de Richard Schechner, o Open Theatre, de Joseph Chaikin, o Bread and Puppet, de Peter Schumann, o Teatro Campesino, de Luis Valdez... O Café La Mamma fervia com as mais variadas *performances* num espaço acanhado, longe da expansão que conheceu mais tarde.

Quando retornei a São Paulo, fui honrado por Jacó Guinsburg com o convite de trabalhar como seu assistente no setor de teatro da recém-fundada Escola de Comunicações e Artes, no curso de crítica teatral. Embora não me tivesse formado pela EAD em teoria, mas em interpretação, o exercício da crítica, a discussão estética ao redor do fato teatral há longo tempo me atraíam. Cresci lendo Décio de Almeida Prado e Sábato Magaldi no *Estado de S. Paulo*, e sempre estive agudamente atento (premonição?) ao conjunto de atribuições e responsabilidades de que

XVI   BRECHT: UM JOGO DE APRENDIZAGEM

o crítico se incumbe ao aceitar sua tarefa, tão espinhosa quanto instigante.

Assim, acedi com muito interesse à oferta de Jacó Guinsburg e entrei para a ECA. Foi onde fiz o verdadeiro aprendizado em crítica. Através do contato com os alunos, meu *insight* do teatro redefiniu-se, ganhou em precisão. Imagino que juntos descobrimos e entendemos o funcionamento de inúmeras leis cênicas.

Tenho a certeza de que aprendi mais com os estudantes que eles comigo. Mas que alunos eram aqueles! Às aulas brilhantes de Jacó Guinsburg (aos sábados pela manhã, num barracão improvisado em escola de teatro), a que eu dava uma parca contribuição, assistiam os futuros doutores Armando Sérgio da Silva e Míriam Garcia Mendes, a atenta Mariângela Alves de Lima, mais tarde crítica de brilho ímpar, o impetuoso José Possi Neto, já revelando a sagacidade que o destacaria posteriormente como um dos mais criativos e requintados encenadores do país.

E Ingrid Dormien Koudela, a autora deste livro. Embora tenha exercido ocasionalmente a crítica, Ingrid veio a destacar-se pela dedicação inteligente à área da arte-educação. Nela tem atuado como professora, ensaísta e tradutora. O trabalho que ora chega ao público deriva de um processo de pesquisa consistente e denso, onde o resultado é duplamente significativo. Não apenas pela contribuição concreta e mensurável às aventuras das obras e idéias brechtianas nestas plagas, como pela ousadia da autora, que sobrepõe em sua trama idéias de Brecht, Piaget, Heiner Müller, Viola Spolin, Walter Benjamin. No entanto, não é aleatória essa combinação, muito menos gratuita.

Baseando-se amplamente nas obras de Reiner Steinweg sobre a peça didática de Bertolt Brecht, Ingrid preocupa-se em proceder a um exame acurado dessa parte (que aqui em geral subvalorizamos) da obra do dramaturgo de *Galileu Galilei*. Para fazê-lo, porém, procede ao exame de amplo arsenal de conceitos definidos e forjados por Brecht nessa área. Temos neste livro um ensaio que serve tanto aos estudiosos da obra didática brechtiana e da arte-educação, como ao interessado por teatro em geral. Todos encontrarão em *Brecht: Um Jogo de Aprendizagem* material para reflexão. E de primeira qualidade. A ensaísta alinha aqui um vasto número de textos do dramaturgo alemão, a maior parte deles inéditos entre nós e traduzidos agora pela primeira vez.

Em mais de um caso trata-se de comentários que iluminam decisivamente passagens intrincadas de uma obra complexa. O leitor brasileiro, possivelmente pela primeira vez, será penetrado

APRESENTAÇÃO   XVII

por um sentido antes inimaginado do *opus* brechtiano. A visão da peça didática como um projeto que visa os participantes, não a platéia, chega pela primeira vez ao Brasil através deste ensaio. A *Lehrstück* do dramaturgo de *Mãe Coragem* foi sempre considerada uma passagem problemática de sua obra. Para alguns, tratava-se de exercício da disciplina que medeia as peças anárquicas da juventude e os textos grandiosos da maturidade. Para outros, a *Lehrstück* não representa senão uma árida experiência teatral, em grande parte falhada. Seja num ou noutro ângulo de visão, está aparente o pouco interesse que tais obras suscitam. Pois *Brecht: Um Jogo de Aprendizagem* recoloca a *Lehrstück* no lugar que lhe pertence de direito. Não se trata de mero exercício de disciplina nem de pesquisa falhada, mas de um projeto consistente, de objetivos verdadeiramente revolucionários, onde a prática teatral é posta não ao serviço do público, mas do intérprete, de quem a faz.

Vem daí a famosa proibição que Brecht lançou sobre seu texto *A Decisão*, cujo destino não é o espectador mas o ator. Através do revezamento nos diversos papéis, esse poderia, por meio do contato com os diversos pontos de vista externados pela obra, ter uma percepção concreta do jogo dialético armado pelo dramaturgo. *A Decisão*, aliás, é objeto de acurada análise por parte de Ingrid Dormien Koudela, que da mesma forma procede a leituras atentas da *Peça Didática de Baden-Baden sobre o Acordo*, de *A Exceção e a Regra*, de *Diz-que-Sim/Diz-que-Não*. E estabelece clara distinção entre os objetivos de Brecht no emprego da peça didática e os de seu brilhante conterrâneo, Heiner Müller. O diálogo que a obra de Müller estabelece com a produção brechtiana ainda não havia sido tratado entre nós com tanta objetividade e lucidez.

A partir desse conjunto de colocações, o livro chega a sua parte mais viva e palpitante. Ingrid Dormien Koudela não é historiadora a resgatar o passado. É educadora que busca no passado um modelo cujo emprego lhe parece urgente. Da justaposição da peça didática de Brecht com as idéias de Viola Spolin e Jean Piaget sobre o desenvolvimento do jogo na criança nasce a experimentação prática, documentada e incluída no livro, onde os modelos deixam de ser discutidos em abstrato e passam a ter toda uma nova dimensão, a do real. As contribuições deste trabalho para os arte-educadores serão sem dúvida decisivas.

Brecht: Um Jogo de Aprendizagem é um texto que incita à ação. Nesse sentido, mostra-se digno continuador do primeiro livro de Ingrid, *Jogos Teatrais*[1]. *Jogos* já constitui trabalho onde a autora se coloca ao mesmo tempo como agente e paciente do processo de aprendizado. Mas tal atitude cresce muito no presente ensaio, onde uma nova compreensão da peça didática brechtiana e suas ilações representa para o leitor revelação tão intensa quanto para a própria autora. O efeito transformador das idéias examinadas nestas páginas é sentido a cada parágrafo. Propõe-se que a arte seja dessacralizada em favor da ação cotidiana de compreensão de si mesmo e do mundo.

Isso não significa, entretanto, que a beleza poética esteja ausente da mira da autora. Ao contrário, ela mostra-se sensível e atenta à grande riqueza da lírica brechtiana, que também comparece nestas páginas com alguns exemplares. E o universo oriental, que teve importância tão definida no conjunto de criações do escritor de *Alma Boa de Se Tsuan*, encontra igualmente referências diretas ou indiretas. *Last but not least*, o livro tem o importante papel de permitir ao leitor brasileiro tomar contato com parte apreciável da crítica mais recente à obra de Brecht. A autora apóia-se em autores abalizadíssimos, que representam várias vertentes contemporâneas da abordagem que a magnitude da construção exige.

Brecht: Um Jogo de Aprendizagem é, por todas essas razões, um livro imprescindível ao estudioso de teatro. E a autora honra-me ao convidar-me para prefaciá-lo, em memória de antigas aulas de 1969, onde eu falava apaixonado sobre o que acabava de ver em New York. É como se algo da inquietação daqueles encontros participasse destas páginas.

Alberto Guzik

---

1. Perspectiva, 1984.

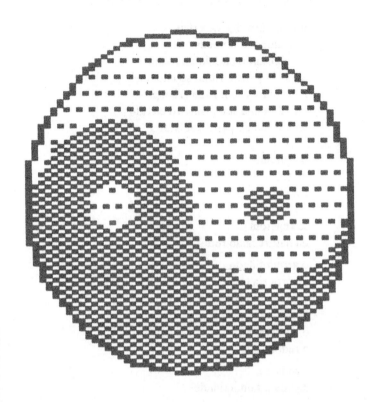

*et maintenant
la terre entière
mais la terre
sans toi
est petite*

nos tempos das cavernas
os primeiros homens
esculpiram o círculo na rocha
ainda hoje este ritual se mantém
repetindo-se em cada criança
que desenha seu primeiro círculo
uma folha de papel rabiscada

o redondo
do sol
e da lua
no céu
se repetem
na natureza ao redor

o arredondado
da própria terra
aparece nas linhas do horizonte

o homem viu
o redondo

a roda
moveu a humanidade

na mandala do Tibete
tudo remonta ao redondo
simetrias
seqüências de movimentos
incontáveis formas espaciais
arché concebidas
no caule seco da planta
kiloma
brinquedo
meditação

jogo teatral
thaeter
misuk
dialética
das formas que se aproximam do redondo

I. D. K.

Introdução

Um Jogo de Aprendizagem – intitular a peça didática através desses termos traz implícita a afirmação de que o jogo constitui valioso instrumento para a aquisição de conhecimentos. Recorrente na história do pensamento educacional, as origens desse princípio podem ser buscadas desde Platão e Aristóteles que atribuem grande importância ao lúdico enquanto fator de equilíbrio físico-emocional para o crescimento da criança. Na prática didático-pedagógica, encontramos, paradoxalmente, um profundo abismo entre jogo e aprendizagem. O "brinquedo" é, sob as suas diferentes formas, ainda hoje praticamente excluído do sistema educacional, sendo que diversão e ensino são em grande parte tidos como fatores incompatíveis. Essa dicotomia mostra que estamos diante de uma charada que espera por ser decifrada. O jogo é uma das peças mais importantes para a solução de problemas de ordem pedagógica, devendo ser elevado à categoria de fundamento de métodos educacionais.

Na acepção, geralmente aceita, de que o teatro didático de Brecht é constituído de peças de teatro áridas e esquemáticas está subjacente o equívoco de que seu potencial lúdico é mínimo. Esta é uma das explicações possíveis para o papel secundário a que ficou relegada essa dramaturgia. O presente trabalho persegue o objetivo de uma utilização pedagógica do conceito de peça didática em Brecht, buscando um método de ensino para sua abordagem através do jogo.

XXII   BRECHT: UM JOGO DE APRENDIZAGEM

Embora a pesquisa tenha sido orientada no sentido de proceder a uma delimitação da proposta didática de Brecht, o interesse no caso não recai primordialmente na realização do conceito brechtiano na sua forma pura. Maior ênfase foi dada à sua aplicação e modificação produtivas, adequadas aos pressupostos e reconhecimentos hoje existentes. O conceito e os textos oferecidos por Brecht constituem material para elucidar questões fundamentais de aprendizagem através do jogo teatral.

A indagação sobre o *Theaterspiel* (jogo teatral) em Brecht é uma tentativa de ampliação do trabalho teórico-prático, por mim efetuado, a partir do sistema de jogos teatrais de Viola Spolin[1]. Ainda que meu propósito inicial fosse o de estabelecer uma possível relação entre a teoria do jogo, em Brecht, e a filosofia e o método formulados em *Improvisação para o Teatro*[2], o desenvolvimento da presente pesquisa leva-me a descortinar diferentes aplicações. Em primeiro lugar, retomar o jogo teatral, através da teoria e prática da peça didática, representa apontar para uma vertente, uma nova linha de pesquisa a qual oferece um modelo pedagógico fundamentado em um processo de educação político-estético. A relação a ser estabelecida entre os textos das peças didáticas e o sistema de jogos teatrais requer uma comprovação teórica e prática. O segundo ponto aqui entrevisto pretende que o sistema de jogos teatrais constitui uma dentre as várias abordagens metodológicas possíveis da peça didática.

O jogo teatral, desenvolvido com base na peça didática e em processos de identificação e estranhamento, não é uma variante da interpretação ou encenação teatral. Seu caráter se define por ser método de aprendizagem. Os procedimentos atualizados na prática apresentada no presente trabalho visaram estabelecer uma relação entre texto literário e experiência. O jogo teatral pretende estimular a capacidade de identificação e o repertório

1. Ingrid Dormien Koudela, *Jogos Teatrais*, São Paulo, Perspectiva, 1984. [As referências sobre citações de trechos da obra de Brecht foram indicadas de acordo com *Bertolt Brecht. Gesammelte Werke in 20. Bänden*, editado pela Suhrkamp, em 1967. Os textos que não se encontram em obras completas obedeceram aos critérios usuais de referência bibliográfica, com indicação da fonte.

Para a grande maioria das citações, foram feitas traduções em função do presente trabalho, havendo indicações específicas, no caso dos textos já traduzidos para o português.]

2. Viola Spolin, *Improvisação para o Teatro*. (Tradução de Ingrid Dormien Koudela e Eduardo Amos.) Apresentação de Ingrid D. Koudela, São Paulo, Perspectiva, 1975.

INTRODUÇÃO   XXIII

de ação dos participantes. Este é o ponto de partida para a leitura que cada grupo fará do texto da peça didática com base em experiências vinculadas a seu cotidiano. O texto torna-se, assim, parte das cenas e ações produzidas pelos participantes. Ele é objeto do jogo teatral. Este material concreto passa a ser examinado através da representação simbólica. Experimentadas através de atitudes e ações corporais, as configurações que o texto assume devem ser buscadas por cada grupo, que almeja o *re*conhecimento do significado atual e histórico do texto.

Os três primeiros capítulos reúnem a pesquisa realizada sobre Brecht, mediante um "corte" processado em sua obra, o qual permitiu focalizar a fase didática.

Através de uma pesquisa bibliográfica, realizada no Instituto Goethe de São Paulo e na Associação Bertolt Brecht, foi possível localizar uma bibliografia específica sobre a peça didática, que trouxe grande contribuição para o objeto em estudo[3]. Uma parte das obras aí relacionadas, inexistentes no Brasil, teve de ser importada. À medida que fui entrando em contato com os materiais, evidenciou-se a necessidade de efetuar um mapeamento minucioso da teoria da peça didática. Este trabalho implicou levantamento, tradução e interpretação de escritos, na grande maioria inéditos entre nós.

A seleção dos textos onde Brecht expõe a sua teoria da peça didática foi feita a partir das análises filológicas realizadas por Reiner Steinweg, sendo que *A Peça Didática. A Teoria de Brecht para uma Educação Político-Estética*[4] constituiu valiosa fonte de consulta. Dado o caráter fragmentário da teorização brechtiana sobre a peça didática, a pesquisa de Steinweg, já por ter sido empreendida na Alemanha, com total acesso aos documentos e aos inéditos do Arquivo Bertolt Brecht (Bertolt Brecht Archiv), constituiu fonte valiosa, proporcionando uma visão abrangente do âmbito dessas concepções.

Evidenciou-se necessária uma análise detalhada da dramaturgia da peça didática. Grande parte dos fragmentos e peças que a compõem não se encontra em língua portuguesa. Com o objetivo de incorporar informações fundamentais para o procedimento

---

3. Christiane Bohnert, "Auswahlbibliographie zu Brecht und seinem dramatischen Werk", *in: Wissenschaftliche Zeitschrift der Friedrich-Schiller Universität der DDR*, Iena, 1972, pp. 405-445.

4. Reiner Steinweg, *Das Lehrstück, Brechts Theorie einer politisch-ästhetischen Erziehung*, Stuttgart, Metzler, 1972.

XXIV BRECHT: UM JOGO DE APRENDIZAGEM

pedagógico, foi realizado um estudo das edições críticas dessa dramaturgia pela Suhrkamp. Mostrou-se de suma importância também analisar as *Gegenstücke* (contrapeças) escritas por um dos maiores e mais radicais dramaturgos alemães contemporâneos – Heiner Müller – que investigou profundamente a dramaturgia da peça didática de Brecht.

A relação a ser estabelecida entre atitude e *gestus* social necessitava ser explicitada em um trabalho como o presente, que indaga sobre questões desta ordem, de fundamental importância para uma pedagogia do teatro. A hipótese levantada no terceiro capítulo é que a "atitude exterior" – tudo aquilo que é traduzido para o outro através da linguagem, mímica, postura corporal etc. – não precisa ser idêntico à "atitude interior". A partir daí foi estabelecida a diferença entre *imitação* e *cópia*. Copiar simplesmente uma atitude exterior é diferente da imitação das relações que podem ser expressas através de atitudes. A imitação incorpora cópias exteriores e interiores. Imitar tem para Brecht o sentido da representação, obtida através do "estranhamento" de gestos e atitudes.

A busca de um método de ensino para a abordagem da peça didática através do jogo, motivada pela necessidade de aprofundar a sua aplicação a crianças e adolescentes, evidencia a necessidade de um estudo mais específico do processo educacional, onde sejam estabelecidos graus intermediários, visando permitir a iniciação do jovem ou leigo em teatro. Com vistas a esse processo, foi preciso proceder ao aprofundamento do jogo teatral e investigar o desenvolvimento do jogo na criança.

No quarto capítulo procuro expor a fundamentação piagetiana para o desenvolvimento do jogo na criança. O sistema de Spolin, que pode ser relacionado com uma forma de aprendizagem cognitiva, afetiva e psicomotora, embasada no modelo piagetiano para o desenvolvimento intelectual, pode trazer grande contribuição ao exercício com a peça didática. Este é o princípio a ser defendido, sendo que a prática por mim relatada tem por alvo ilustrar o caminho percorrido. O objetivo deste encaminhamento foi estabelecer os fundamentos para um novo exercício com a peça didática, motivo pelo qual a discussão crítica foi norteada pela busca de operacionalização de conceitos, de forma a esclarecer procedimentos e princípios e, como conseqüência, propiciar experimentações futuras. É de se esperar que o debate teórico seja, no futuro, orientado cada vez mais a partir da própria prática.

O presente trabalho pretende contribuir para a pesquisa so-

INTRODUÇÃO   XXV

bre o teatro no seu ponto mais nevrálgico, constituído pela inter-
seção entre a estética e a pedagogia. Retomar o estudo de Brecht
com base em sua proposta de uma educação político-estética traz
intrinsecamente a possibilidade de resgatar, na origem, o processo dialético de um teatro que recorre diretamente a procedimentos didático-pedagógicos e passa necessariamente por eles. A prática educacional a ser desenvolvida a partir da teoria da peça
didática fundamenta-se no princípio que norteia o sistema brechtiano, no qual o estético passa a ser elemento constitutivo de processo de aprendizagem.

A proposta, explicitada por Brecht, para educar os jovens
através do jogo teatral, é merecedora de desdobramentos através
de experimentações e pesquisas futuras, dado o amplo universo
de questões que suscita. Constitui característica do modelo brechtiano a exigência de reavaliação constante, buscando a abordagem
metodológica aqui delineada definir a função a ser exercida pelo
jogo no processo de aprendizagem com a peça didática.

1. Teoria

Na prática deve-se dar um passo depois do outro. A teoria deve conter toda a marcha.

BERTOLT BRECHT

O conceito de *Lehrstück* (peça didática) foi, desde a sua introdução por Brecht, amplamente difundido e interpretado. Torna-se útil iniciar com uma apresentação sumária da história do conceito, através da recepção crítica a que foi submetido. Esse histórico mostrará, ao mesmo tempo, a necessidade de examinar a fundamentação e a utilidade da peça didática pelo próprio Brecht.

HISTÓRICO

As análises marxistas das décadas de 50 e 70 sempre descreveram a peça didática como rua de mão única ou descaminho. Seria a peça didática uma fase superada no desenvolvimento da dramaturgia de Brecht?

O consenso de especialistas afirmava que as peças didáticas pertenciam a uma fase de transição no pensamento de Brecht, à qual se seguiu, no final da década de 30, a fase madura do "teatro épico/dialético". Via de regra, as peças didáticas foram estudadas

BRECHT: UM JOGO DE APRENDIZAGEM

à margem ou esteticamente desqualificadas, a partir de pontos de vista artísticos e/ou políticos fixados *a priori*, que impediam o acesso à sua poética. Essas peças, desprezadas por causa da rigidez da ação dramática, foram caracterizadas como "megafone do *Zeitgeist*"[1], ou "personificação de idéias"[2]. A peça didática, "de uma racionalidade cinzenta"[3], que ocultava uma "ânsia niilista de autoritarismo sem sentido (...) disciplina e crença"[4], encontrou poucos defensores. Também Willet[5] afirma que "privados de um enredo básico, somos projetados para o campo das palavras e idéias nuas e cruas, as quais nos conduzem a um julgamento (ostensivamente) firme e a uma conclusão (aparentemente) nítida e irrevogável".

Durante o encontro internacional realizado na Alemanha em 1968 – Brecht-Dialog – evidenciou-se que a peça didática não era uma fase tão superada como se acreditava. Verificou-se aí um intenso interesse pela teoria da peça didática de Brecht, tornando necessário repensar teses abandonadas e recolocá-las no contexto histórico e atual.

Através de um seminário sobre as peças de Bertolt Brecht, organizado em 1963-1964 por Karl Otto Conrady, da Universidade de Kiel, foi iniciado um trabalho de pesquisa por Reiner

---

1. Ernst Schumacher, *Die dramatischen Versuche Bertolt Brechts 1918-1933*, Berlim, Das Europäische Buch, 1977, p. 184. (Publicado em 1954, é o primeiro trabalho sobre a dramaturgia de Brecht, desde os inícios até *Santa Joana dos Matadouros*. Foi editado ainda em vida de Brecht e baseia-se em depoimento do dramaturgo, Helene Weigl e colaboradores. Rico em materiais, contém informações importantes para a história do teatro e a dramaturgia da República de Weimar. Toda produção inicial de Brecht é entendida como provisória. A obra do dramaturgo marxista é vista como uma oposição à obra do jovem Brecht. O livro é um clássico na pesquisa sobre Brecht.)

2. Werner Mittenzwei, *Bertolt Brecht. Von der Massnahme zu Leben des Galilei*, Berlim, Aufbauverlag, 1977 (4ª ed.), p. 64. (Análise marxista ortodoxa a partir do princípio do realismo socialista. Orientação baseada na política cultural do Partido Comunista. Crítica à tendência de Brecht para a abstração [peças didáticas], a tipificação e a parábola. Valorização das peças "realistas", historicamente concretas – *Terror e Miséria do Terceiro Reich, Os Fuzis da Sra. Carrar, Vida de Galileu*).

3. Marianne Kesting, *Das epische Theater. Zur Struktur des modernen Dramas*, Stuttgart, 1959, p. 74.

4. Martin Esslin, *Brecht. Das Paradox des politischen Dichters*, Munique, 1970, p. 221.

5. John Willet, *O Teatro de Brecht*, Rio, Zahar, 1967, p. 88.

TEORIA 3

Steinweg e Jehns Ihwe, a partir do tema "O Problema da Individualidade nas Peças de Brecht". O trabalho realizado durante esse seminário já apresentava muitos pontos de controvérsia em relação aos estudos existentes. A primeira edição maior de *Escritos sobre o Teatro* (*Schriften zum Theater*) de Brecht apareceu nessa mesma época, e os textos até então desconhecidos sobre a peça didática confirmaram a tese formulada no trabalho de Steinweg e Ihwe de que a tipologia da peça didática sempre havia sido avaliada a partir de critérios falsos[6]. A tentativa de descrever com maior detalhe a peça didática partiu de uma elaboração filológica dos esboços, fragmentos e edições das peças didáticas.

A Peça Didática. A Teoria de Brecht para uma Educação Político-Estética é o resultado desse estudo[7]. O trabalho fundamenta-se na tentativa de reunir e elaborar criticamente o material existente no Arquivo Bertolt Brecht sobre a peça didática, partindo das observações teóricas, com o objetivo de identificar um procedimento adequado de trabalho com a peça didática[8]. Um produto paralelo desse estudo é a edição crítica de *A Decisão. Edição Crítica com uma Indicação para Encenação de Reiner Steinweg*[9].

Em uma pré-publicação, destinada a um público mais amplo, Steinweg apresentou pela primeira vez os resultados de suas pesquisas, no caderno da revista *Alternative*[10]. Ao conceito geralmente aceito de que as peças didáticas seriam a expressão de um

6. Jehns Ihwe e Reiner Steinweg, *Das Problem der Individualität in den Stücken Bertolt Brechts*, Kiel (trabalho não publicado, encontra-se no Arquivo Bertolt Brecht), 1964.

7. Reiner Steinweg, *Das Lehrstueck. Brechts Theorie einer politisch-ästhetischen Erziehung*, Stuttgart, Metzler, 1972.

8. Reiner Steinweg, *Untersuchungen zu den Lehrstücken Bertolt Brechts*, Kiel, 1965 (trabalho não publicado, encontra-se no Arquivo Bertolt Brecht).

9. Reiner Steinweg, *Die Massnahme. Kritische Ausgabe mit einer Spieleinleitung von Reiner Steinweg*, Frankfurt, Suhrkamp, 1972. (A edição crítica de *A Decisão* documenta a história do texto – a partir de 1930 – e observações de Eisler e Brecht sobre a peça. Além das cinco versões do texto poético, o livro traz um aparato crítico para a interpretação, que inclui sinopse, verso por verso, das várias versões, gênese da história do texto, observações teóricas dos autores sobre *A Decisão* e textos de fundamentação teórica –, principalmente a conferência de Lênin no III Congresso da Juventude Comunista. Além de críticas e ensaios sobre *A Decisão*, a edição contém ainda uma bibliografia e indicações de encenação pelo editor.)

10. Reiner Steinweg, "Das Lehrstück – ein Modell des sozialistischen Theaters", in: *Alternative* 78/79, Berlin, 1971, pp. 102-116.

4   BRECHT: UM JOGO DE APRENDIZAGEM

período de transição marxista vulgar no pensamento de Brecht, Steinweg contrapõe a tese de que não a *peça épica de espetáculo (epishes Schaustück)*, mas sim a *peça didática (Lehrstück)* conduz a um modelo de ensino e aprendizagem que aponta para um "teatro do futuro".

A diferença que Brecht estabelece entre peça épica de espetáculo e peça didática nunca havia sido levada muito a sério, com uma única exceção: Walter Benjamin nomeia a diferença claramente, em 1932. "A peça didática sobressai como um caso específico, através da pobreza dos aparatos, simplificando e aproximando a relação do público com os atores e dos atores com o público. Cada espectador é ao mesmo tempo observador e atuante."[11]

As afirmações de Steinweg baseiam-se sobretudo em um escrito de Brecht, datado de 1937, *Para uma Teoria da Peça Didática*, onde se lê: "(...) a peça didática ensina quando se é atuante, não quando se é espectador (...) subjaz à peça didática a expectativa de que o atuante, ao realizar determinadas ações, ao assumir determinadas atitudes, repetir determinados gestos etc., seja influenciado socialmente" (17, 1024). Steinweg parte do princípio de que a peça didática é constituída pela "regra básica" – atuação sem espectadores – e pela "regra de realização", segundo a qual "padrões estéticos que são válidos para a construção de personagens nas peças épicas de espetáculo (...) não têm função na peça didática". O ato artístico coletivo com a peça didática realiza-se por meio da imitação e crítica de modelos de atitudes, comportamentos e discursos. Ensinar/aprender tem por objetivo gerar atitude crítica e comportamento político. As peças didáticas são modelos que visam ativar a relação entre teoria/prática, fornecendo um método para a intervenção do pensamento e da ação no plano social.

A teoria da peça didática de Brecht não é um complexo delimitado dentro de seus escritos teóricos. Ela se constitui de vários pequenos textos, anotações, referências. Muitas vezes, são observações que Brecht faz dentro de contextos diversos, mas que explicitam a gênese e o desenvolvimento da peça didática. Esse material foi reunido e historiografado por Steinweg que, a partir de um estudo filológico, estabelece a teoria de Brecht para uma educação político-estética.

---

11. Walter Benjamin, *Versuche über Brecht*, Frankfurt, Suhrkamp, 1981, p. 36.

TEORIA 5

Em *Das Lehrstück* (1972), Steinweg reúne cento e vinte e cinco observações de Brecht sobre a peça didática, vinte e duas das quais de autores que Brecht definiu como colaboradores (Eisler, Weill, Hauptmann, Wekwerth, entre outros). Os textos têm níveis de relevância diversos: ao lado de textos que são definidos por Brecht como "teóricos" e observações teóricas sobre a peça didática em geral ou sobre peças didáticas específicas, existem trabalhos preliminares, observações casuais feitas em contextos totalmente diversos, comunicações pessoais (cartas), nas quais as peças didáticas são apenas mencionadas, e até uma série de textos poéticos. As observações sobre a peça didática foram, segundo o autor, abrangidas em setenta por cento dos escritos. Os textos dedicados explicitamente à teoria da peça didática foram abrangidos em noventa, noventa e cinco por cento.

A parte analítica do trabalho de Steinweg inicia-se com a especificação do conceito de peça didática. Diante da falta de clareza com que esse conceito era utilizado pela recepção crítica, Steinweg estabelece a diferenciação entre *peça didática* e *peça épica de espetáculo*, recorrendo ao marco de diferenciação da "regra básica". De acordo com Steinweg, o termo "regra básica" indica que "a determinação de *atuar para si mesmo* é o pressuposto para a realização da peça didática como ato artístico"[12]. Através dessa acentuação da regra básica, Steinweg entende o sentido das afirmações recorrentes de Brecht, entre 1929-1956, que qualificam a peça didática como um "tipo de empreendimento teatral" efetuado "menos em função dos observadores do que dos atuantes" (15, 239) e cujo objetivo de aprendizagem é alcançado quando a peça didática "é vivenciada, não quando é assistida" (17, 1024).

A defesa veemente de Steinweg a favor da reabilitação da peça didática culminou na afirmação de que a peça didática e sua teoria conteriam a proposta revolucionária de Brecht para "um teatro do futuro", enquanto as peças épicas, escritas no exílio, representariam apenas "soluções de emergência transitórias"[13].

O trabalho de reconstrução da teoria didática de Brecht, realizado por Steinweg, que propõe a peça didática como tipologia específica na dramaturgia de Brecht e como fundamento de uma prática pedagógica e teatral, é pioneiro, à medida que até então

---

12. Reiner Steinweg, *Das Lehrstück* (1972), p. 87.

13. Reiner Steinweg, "Das Lehrstück – ein Modell des sozialistischen Theaters", *in: Alternative* 78/79, pp. 102-116.

6 BRECHT: UM JOGO DE APRENDIZAGEM

as explanações teóricas de Brecht sobre esse novo tipo de dramaturgia, quando interpretadas, eram vistas como imprecisas, imaturas e contraditórias. Steinweg demonstrou que os intérpretes de Brecht não entenderam nem os fundamentos teóricos nem os objetivos político-pedagógicos dessa proposta artística.

A conclusão mais polêmica do debate estabelecido por Steinweg foi extraída por Hildegard Brenner. Ela fala de uma "falência exemplar da germanística"[14] e demonstra que a teoria da peça didática de Brecht era avaliada a partir de uma visão artística convencional. Com uma montagem de trechos dogmáticos nos textos de Martin Esslin, Benno Wiese, Hannah Arendt, Hans Egon Holthusen, entre outros, demonstra como operava a filologia alemã. Evidencia-se, através de sua análise, que a filologia alemã se opunha a Brecht, nas décadas de 50 e 70, como parte da guerra fria contra a Alemanha Oriental. Em seu livro, Steinweg detém-se nas pesquisas marxistas, nas décadas de 50 e 60, com a peça didática, considerando também esses resultados errôneos e insatisfatórios.

Diversos autores fazem sérias objeções ao trabalho de Steinweg. A reconstrução anistórica de uma teoria da peça didática, que não leva em conta outras reflexões de Brecht acerca da teoria do teatro, escritas entre 1929-1956, encontrou forte resistência por parte de especialistas, que tomaram como provocação a tese de que a peça didática conteria a proposta revolucionária de Brecht, em detrimento do teatro épico, escrito no exílio, considerado solução de emergência.

Em *O Modelo da Peça Didática de Brecht. Documentos, Experiências, Discussão*[15], volume que reúne artigos teóricos de vários autores que discutem a teoria da peça didática, aparecem diferentes fundamentações para o fato de Brecht não haver feito nenhum esforço importante para dar continuidade ao exercício com a peça didática no exílio.

O germanista alemão oriental, Werner Mittenzwei[16], argumenta que, embora o trabalho de Steinweg traga uma grande

---

14. Hildegard Brenner, "Die Fehldeutung der Lehrstücke. Zur Methode einer bürgerlichen Wissenschaft", *in: Alternative* 78/79, Berlin, 1971, pp. 146-54.

15. Reiner Steinweg, *Brechts Modell der Lehrstücke. Zeugnisse, Erfahrungen, Diskussion*, Frankfurt, Suhrkamp, 1976.

16. Werner Mittenzwei, "Die Spur der Brechtschen Lehrstücktheorie. Gedanken zur neueren Lehrstückinterpretation", *in*: Steinweg (1976), pp. 225-254.

TEORIA 7

contribuição ao conhecimento sobre Brecht, encobre o processo contraditório através do qual a peça didática se desenvolveu. Torna-se necessário reconstruir a prática político-cultural e o trabalho teatral de Brecht daquele período e não apenas o seu universo conceitual. Sua crítica dirige-se sobretudo à "regra básica" – atuação sem platéia. Afirma que a partir dela foi tornado absoluto um dos estágios de desenvolvimento da peça didática. As experiências com a peça didática foram, de acordo com Mittenzwei, incorporadas por Brecht à teoria do teatro épico, razão pela qual este teria abandonado a prática com a peça didática após 1947.

Também Berenberg, Gossler e Stosch[17] consideram que Steinweg teria radicalizado uma das estratégias político-estéticas que Brecht desenvolveu no final da República de Weimar. A hipótese de que os enunciados de Brecht formam uma teoria fechada e sistêmica levou à busca de unidade em um corpo de textos altamente heterogêneos, conduzindo a uma logicidade que encobre contradições históricas.

A contribuição do germanista australiano John Mitful[18] analisa a função do "estranhamento" na peça didática. Segundo ele, "as dificuldades na recepção da peça didática são também dificuldades de recepção da teoria do estranhamento, a qual se deparou, tanto na crítica burguesa quanto na marxista, com incompreensão, sendo rejeitada". Enquanto a crítica burguesa teria buscado uma esteticização do "efeito de estranhamento", ignorando a função filosófico-política e utilizando-a como um meio estilístico estético, a crítica marxista negava em princípio a teoria do estranhamento, que não podia ser colocada sob um denominador comum com o "realismo socialista" de Lukács. A elaboração da teoria do estranhamento ocorreu exatamente na época das primeiras peças didáticas. Mitful mostra que nos textos das peças didáticas a função do estranhamento exerce um papel fundamental e encontra uma aplicação mais conseqüente do que nas peças épicas de espetáculo. A conclusão de Mitful é, portanto, oposta à de Mittenzwei, para o qual a peça didática foi incorporada por Brecht à teoria do teatro épico, exatamente através da elaboração da teoria do estranhamento.

17. Berenbert, Gossler e Stosch. "Das Lehrstück. Rekonstruktion einer Theorie oder Fortsetzung eines Lernprozesses?", *in: Brechtdiskussion* (Joachim Dyck editor), Stuttgart, Dronberg-Taurus, 1974, pp. 121-171.

18. John Mitful, "Zur Funktion der Verfremdung in den Lehrstücken", *in:* Steinweg (1976), pp. 287-295.

8 BRECHT: UM JOGO DE APRENDIZAGEM

O mérito de Reiner Steinweg foi ter colocado a peça didática, que ficara durante tanto tempo abandonada pela pesquisa, no centro da discussão sobre Brecht. Introduziu lógica no quadro. A provocação produtiva não levou a um caminho de volta ao velho estágio da discussão. Pelo contrário, as críticas apresentadas às suas teses diferenciaram e precisaram a fase de experimentação de Brecht com a peça didática.

O CONCEITO DE PEÇA DIDÁTICA

Brecht escreveu a maioria das peças didáticas em uma situação histórica na qual uma série de circunstâncias tornavam possível a sua realização. Havia os grandes corais e teatros proletários que ansiavam por novas formas e materiais políticos. Havia grupos de radioamadores e de *agitprop* que necessitavam realizar seu trabalho político com meios musicais e teatrais simples[19]

19. O teatro de *agitprop* e a peça didática foram identificados por apresentarem semelhanças (Robert Brustein, *O Teatro de Protesto*, p. 275). Kurella ["Ein Versuch mit nicht ganz tauglichen Mitteln" (Kritik der Massnahme), *in*: Steinweg (1972), p. 390] repreendeu Brecht em 1931 por "não ter-se tornado conhecido no movimento de massa dos grupos de *agitprop* (até a encenação de *A Decisão*). Eisler, autor da música de *A Decisão*, já trabalhava havia muito tempo com o grupo de *agitprop* Rotes Sprachrohr (Megafone Vermelho)*. Brecht dificilmente ignorava o fenômeno do movimento de massa do *agitprop***. O objetivo imediato do *agitprop* era ser uma arte de apresentação pública, que devia convencer no exato momento da apresentação. Existem alguns pontos de correspondência entre *agitprop* e peça didática, embora constituam propostas diferentes (Silvana Garcia, *Teatro da Militância*). Enumeramos, entre as semelhanças que caracterizam estas duas propostas artísticas:

a. a situação da apresentação (antes ou após reuniões, em espaços públicos etc. – encenações não convencionais) obrigava a uma rápida troca de papéis (o que impedia a identificação com a figura apresentada) e levava a uma economia de adereços e cenários;

b. a utilização freqüente de corais cantados e falados, o que remonta também a uma origem prática (em grupo, o amador fica mais seguro, e, com algum exercício, passa a ser mais bem entendido);

c. o paralelo mais importante deve ser buscado no elemento improvisacional, que caracteriza tanto o *agitprop* como a peça didática.

* Hans Eisler. Em uma observação sobre *A Decisão*, escrita em 1931, afirma: "(...) a prática nos ensinou que devemos diferenciar entre música feita para

TEORIA 9

E havia (ao menos algumas) escolas que elaboravam uma pedagogia de vanguarda. Havia uma série de excelentes atores que dominavam o "efeito de estranhamento" e o método de interpretação épico. Havia, enfim, uma luta de classes aguçada, e a consciência de classe era altamente desenvolvida. As peças didáticas foram escritas com vistas a essa situação cultural geral, como um meio de atuação política, entre outros.

Brecht analisa os princípios da peça didática num texto escrito para a edição de *Escritos sobre o Teatro* (*Schriften zum Theater*).

Assim como Piscator (...) eu utilizava novos princípios de construção para cada obra e modificava também a maneira de interpretação dos atores. Trabalhávamos com alunos e com atores em escolas e com alunos em teatros. Trabalhávamos (nas peças didáticas) sem platéia; os atuantes atuavam para si mesmos. Formávamos *ensembles* com operários, que nunca haviam pisado num palco e artistas altamente qualificados, e diante de toda diversidade de estilos, nenhum elemento da platéia podia contestar a unidade do que era apresentado. (...) O único princípio que nunca ferimos foi o de submeter todos os princípios à tarefa social, que tínhamos por objetivo cumprir em toda obra (15, 316).

Em um ensaio escrito em Londres, em 1936, sobre o teatro alemão na década de 20, Brecht afirma:

Quando Brecht havia reunido experiência suficiente, tornou-se possível representar processos complexos com um mínimo de condições. *A Mãe*, uma biografia histórica[20], pôde ser apresentada com pouquíssimos recursos. Nessa época, uma *outra cadeia de experimentos, que se utilizava dos meios teatrais mas não necessitava dos teatros, conduziu a certos resultados. Tratava-se de experimentos pedagógicos com a peça didática* (grifo nosso) (15, 239).

ouvir e música feita para o exercício (...) uma canção de protesto que é cantada deve ser construída de forma diferente do que uma obra coral, que possui um conteúdo teórico (...) será tarefa para os próximos anos desenvolver a idéia da peça didática através de experimentos práticos", *in*: Steinweg (1976), p. 114.

** Ernst Schumacher. "Agitproptheater und Arbeiterbühne", *die dramatischen Versuche Bertolt Brechts 1918-1933*, Berlim, Das Europäische Buch, 1977, pp. 617-627. (Em adendo à análise da dramaturgia de Brecht no período 1918-1933, Schumacher documenta o extraordinário desenvolvimento dos grupos de *agitprop* de 1928-1930.)

20. Walter Benjamin classifica também *A Mãe* como peça didática. Neste texto de Brecht fica claro que, apesar de essa peça ter certas afinidades de estilo com a peça didática – representação de processos complexos com um mínimo de recursos –, ele caracteriza *A Mãe* como "biografia histórica", que foge portanto

BRECHT: UM JOGO DE APRENDIZAGEM

Através do empenho de Brecht em reconhecer e representar criticamente a realidade com a ajuda da arte, pode-se observar o desenvolvimento de um processo de aprendizagem. Na fase subscrita com o título de *Versuche* (tentativas/experimentos), que vai de 1926 a 1932, a aprendizagem é tematizada de várias formas. A unidade dessa fase resulta do caráter experimental da produção, que deve ser considerada uma tentativa de traduzir os conhecimentos adquiridos, principalmente a dialética materialista, em formas dramáticas. Várias estratégias político-estéticas foram ensaiadas por Brecht simultaneamente, como a ópera, a peça didática, o "experimento sociológico". É preciso sublinhar a simultaneidade de tais experimentações porque essa fase de desenvolvimento do dramaturgo foi muitas vezes mal interpretada. Se, por um lado, a peça didática foi tomada pejorativamente como etapa de transição, tendo em vista o alvo do caminho – o teatro épico –, por outro, ela, que foi uma das estratégias políticas no final da República de Weimar, foi tornada absoluta como "modelo do teatro do futuro". Apontar para o caráter experimental dessa dramaturgia não significa efetuar sua relativização, mas sim uma qualificação que permite discernir as contribuições específicas que as "sugestões" de Brecht são capazes de trazer, justamente a partir da sua radicalidade.

Brecht compreendia o trabalho artístico como produção. A defesa conseqüente, do ponto de vista do produtor, levou-o a uma ampliação significativa das reflexões político-estéticas, que estavam voltadas para a realização do teatro épico. "A frente de luta da nova dramaturgia dirige-se no momento menos contra a velha dramaturgia (...) do que contra os teatros estabelecidos, dentre os quais cumpre entender as instituições reais, sejam aquelas sustentadas por dinheiro do Estado ou empreendimentos comerciais privados" (15, 171). A experiência com o público de teatro da época, com a crítica teatral, mas principalmente com os próprios *aparatos* (mídia), induziu Brecht a modificar a ênfase da sua teoria – de uma discussão de opiniões, ela passou a ser uma luta pelos meios de produção. O primado dos aparatos e a monopoli-

às características de peça didática. Outro texto que algumas vezes é erroneamente entendido como peça didática é *A Padaria*. Embora também esteja elaborada com pobreza de aparatos, ela não tem a estrutura característica das peças didáticas. Brecht explicita claramente no texto acima a sua preocupação com o "experimento pedagógico", realizado através de uma seqüência de tentativas que caracterizam a peça didática como um objeto específico.

TEORIA 11

zação dos meios de produção faziam com que a obra de arte assumisse o caráter de mercadoria. Seu valor passava a ser determinado por sua utilidade, sua adequação. Com isso, a liberdade do trabalho artístico e a liberdade da própria criação estavam ameaçadas. A realização do ponto de vista do produtor de arte tinha como premissa a apropriação social dos *aparatos*. Brecht antecipou a negação do rádio comercial na sua *Teoria do Rádio* (18, 119) e descreveu os limites da indústria cinematográfica no "experimento sociológico" do *Processo dos Três Vinténs* (18, 139). Ambos os escritos constituem hoje reflexões teóricas importantes sobre a teoria da mídia e são ainda extremamente atuais. Brecht já trabalhava nessa época com Walter Benjamin, e os esclarecimentos feitos mais tarde em "A Obra de Arte na Época de suas Técnicas de Reprodução"[21] encontram ressonância nos *Versuche*.

"Realizar um novo teatro significa proceder a uma *Funktionswechsel* (troca de função) do teatro existente" (15, 314). A luta pela "troca de função" do teatro-ópera, proclamada por Brecht, era ao mesmo tempo uma busca de novos meios de produção. Ela esbarrava em dificuldades. A nova produção dramática estabelecia exigências para o espectador. O interesse científico por um público produtivo, que não fosse apenas constituído de compradores casuais – mas que acorresse ao teatro como massa "organizada" e "teatralizada" –, participante da comunicação estético-política, era uma premissa problemática para uma recepção favorável às novas peças. O principal impedimento foi o primado da mídia. As instituições culturais colocaram-se contra a proposta de Brecht de provocar a "troca de função" dos aparatos. Em um *song* para a peça *Happy End*, ele faz um relato de seu projeto:

> Seguindo em parte o hábito de meus iguais
> Em parte a incumbência,
> Escrevi uma poesia para o rádio
> Relatando o vôo de um aviador sobre o oceano Atlântico
> No ano passado.
> Fiz um plano detalhado para a sua utilização
> Novas tarefas dos aparatos a serviço da pedagogia
> E mandei imprimir tudo segundo meu direito de escritor

---

21. Walter Benjamin. "A Obra de Arte na Época de suas Técnicas de Reprodução", *in: Walter Benjamin*, São Paulo, Abril 1975, V. XLVIII (Col. "Os Pensadores").

12 BRECHT: UM JOGO DE APRENDIZAGEM

Relendo depois de algumas semanas o que estava impresso
O plano me pareceu impossível.
As grandes instituições
Eram nele mencionadas pelo nome.
O plano correspondia a um exame preciso
Dos aparatos existentes e
Indicava infantilmente os sinais inconfundíveis
Que surgiam das necessidades das massas,
Repousava na concentração crescente dos meios de produção
E na especialização das forças de trabalho,
Na necessidade urgente de formação intelectual de muitos,
Para servir nossas máquinas, cada vez mais apuradas.
E almejava facilitar a mecanização do trabalho necessário
Um simples treinamento do intelecto para a mecânica.
Muitas razões geraram o plano daquele exercício público,
Nova utilização dos aparatos existentes não aproveitados.
E o desculpavam diante dos especialistas, mas
Quantas razões falassem a seu favor – faltava ao menos uma
Para realizar o plano.
Refletindo sobre aquela razão, que faltava,
Diante de tantas razões existentes (8, 329).

A "troca de função" do teatro foi impossível. Na tentativa de utilizar aparatos técnicos e sociais para os objetivos da peça didática, grupos de sala de aula, corais etc., logo esbarraram em empecilhos semeados pela ordem social, capitalista, vigente. A mídia, como o rádio e o filme, teria que parar de servir aos interesses de poucos, se quisesse estabelecer a comunicação com a coletividade. A mídia teria que funcionar em favor do interesse da maioria, se quisesse transformar ouvintes passivos em produtores ativos, que não apenas ouvem (são ensinados), como também falam (ensinam).

A preocupação com a pedagogia é recorrente nos textos sobre a teoria da peça didática, sendo que o conceito está em Brecht sempre intimamente ligado ao *sistema de organização do Estado*. No texto cujo título é *Pedagogia*, escrito por volta de 1930, afirma:

Em todas as formas de organização do Estado até agora existentes (elas foram construídas sobre diferenças de classe), a infra-estrutura determina a superestrutura ideológica, a cultura. Os resultados práticos mais importantes desta foram, sem dúvida, os usos e costumes. Que estes últimos interferem na infra-estrutura sempre foi sublinhado pelos dialéticos. No novo Estado sem classes (que não é mais um Estado), é dada pela primeira vez a possibilidade de *determinar* esta relação funcional – as relações se tornam diretas, a infra-estrutura e a superestrutura formam uma unidade (...) (20, 78).

TEORIA 13

A peça didática foi concebida por Brecht com o objetivo de interferir na organização social do trabalho (infra-estrutura). Em um Estado que se dissolve enquanto organização fundamentada na diferença de classes, essa pedagogia deixa de ser utopia. Por outro lado, é justamente o caráter utópico da experimentação com a peça didática – concebida para uma ordem socialista do futuro – que garante o seu realismo político. "Em tempo algum", disse Brecht, "a sugestão de Schiller de transformar a educação política em uma questão de estética foi tão obviamente sem perspectivas como hoje" (18, 165).

O papel que tem o teatro no estabelecimento da relação funcional entre infra-estrutura e superestrutura é esclarecido pelo texto *A Grande e a Pequena Pedagogia*, que constitui um escrito chave para compreender o projeto pedagógico de Brecht:

a grande pedagogia modifica totalmente o papel da atuação. ela supera o sistema de atuantes e espectadores. só conhece atuantes que são ao mesmo tempo estudiosos, a partir da lei fundamental – onde o interesse de cada um equivale ao interesse do Estado e o gesto compreendido determina a maneira de agir de cada um – o jogo de imitação se torna uma das partes mais importantes da pedagogia. enquanto isso, a pequena pedagogia realiza, durante o período de passagem para a primeira revolução, apenas uma democratização do teatro, mas a divisão permanece. os atuantes serão formados, na medida do possível, a partir de amadores (os papéis serão construídos de forma que amadores permaneçam amadores). os atores profissionais e todo o aparato teatral precisam ser utilizados com o objetivo de enfraquecer as estruturas ideológicas burguesas. as peças e a forma de interpretação precisam transformar o espectador em homem de estado. por isso não devem apelar para o sentimento do espectador, o que lhe permitiria reagir esteticamente, mas sim para a sua razão. os atores devem estranhar personagens e processos para o espectador, de forma que chamem a sua atenção. o espectador precisa tomar partido em vez de se identificar[22].

Brecht estabelece através desse texto[23] um plano operativo para o teatro. A "pequena pedagogia", a ser realizada com amadores, representa, segundo Brecht, apenas uma democratização do teatro, isto é, o teatro mantém a sua velha função. Permanece a divisão entre atores (ativos) e espectadores (passivos), entre os que ensinam e os que aprendem. A pequena pedagogia se diferencia do teatro burguês pelo fato de já possuir uma intenção pe-

22. Arquivo Bertolt Brecht, *in*: Steinweg (1976), p. 51.

23. Mantivemos as minúsculas nos textos transcritos de Brecht toda vez que ele se utilizou desse recurso.

14 BRECHT: UM JOGO DE APRENDIZAGEM

dagógica e pelo fato de trabalhar com amadores, cujos papéis devem ser construídos "de forma que amadores permaneçam amadores". Com essa determinação fica claro que o teatro com amadores é uma fase preparatória, ou um exercício preparatório para a grande pedagogia. Para a "pequena pedagogia", Brecht identifica um espaço de tempo, durante o qual teria aplicabilidade: "o período de passagem para a primeira revolução". Parece aqui referir-se à fase da primeira transformação decisiva da ordem social capitalista. Se a "pequena pedagogia" foi planejada para a fase da primeira revolução proletária, então a "grande pedagogia" pressupõe uma transformação radical. Só então o princípio "onde o interesse de cada um equivale ao interesse do Estado" teria validade.

Essa mesma conceituação pode ser reencontrada no *Fragmento Fatzer (Fatzerfragment)*, onde se lê:

> nossa atitude nasce de nossas ações. nossas ações nascem da necessidade. quando a necessidade está organizada, de onde nascem então nossas ações? quando a necessidade está organizada, nossas ações nascem de nossa atitude[24].

A referência a um espaço de tempo ("período de passagem para a primeira revolução") permite a interpretação de que o plano operativo para o teatro se daria através de uma sucessão de três momentos: a sociedade capitalista, a sociedade socialista e a sociedade sem classes.

Ainda que a realização da peça didática em toda a sua dimensão constitua uma utopia, seu efeito seria muito restrito, se se tratasse apenas de analogias formais, de experimentos e exercícios ao lado da realidade social e não também dentro dela. Brecht denomina *Ideologiezertrümmerung* (desmantelamento da ideologia) o processo através do qual a base das instituições formadoras de ideologia é abalada – quando a sua utilização no interesse de poucos é esclarecida e concretamente posta em discussão e a ideologia por ela divulgada é confrontada com a sua prática. As apresentações públicas adquirem função política ao demonstrar a tarefa e as possibilidades da peça didática. Todas as apresentações públicas de peças didáticas, encenadas por Brecht, tinham esse caráter de demonstração. As apresentações públicas da peça didática adquirem, portanto, tal como *O Processo dos Três*

---

24. *Idem*, p. 47.

TEORIA 15

Vinténs, encenado por Brecht, o caráter de *soziologisches Experiment* (experimento sociológico), que tornam "visíveis as contradições imanentes à sociedade". Assim como o processo da ópera de três vinténs, tais apresentações das peças didáticas visam provocar as instituições e clarificar sua estrutura. Nesse sentido, a proposta da peça didática representa também uma crítica da sociedade capitalista, ou pode contribuir com ela.

Mas as apresentações públicas da peça didática não constituem o seu objetivo último e nem o mais importante. Pelo contrário, Brecht enfatiza seguidamente que a peça didática "não necessita de público" (o que levou Steinweg a estabelecer a "regra básica" – atuação sem platéia). As peças didáticas contêm também ou sobretudo a preocupação genuína de Brecht como educador. No texto *Teoria da Pedagogia*, escrito em 1930, o objetivo de estabelecer um procedimento que reunisse teatro, política e aprendizagem está claramente expresso por Brecht:

> Os filósofos burgueses estabelecem uma grande diferença entre o atuante e o observador. Essa diferença não é feita pelo pensador. Se mantivermos essa diferença, então deixaremos a política para o atuante e a filosofia para o observador, quando na realidade os políticos deveriam ser filósofos e os filósofos, políticos. Entre a verdadeira filosofia e a verdadeira política não existe diferença. A partir desse reconhecimento, aparece *a proposta do pensador para educar os jovens através do jogo teatral* (grifo nosso), isto é, fazer com que sejam ao mesmo tempo atuantes e espectadores, como é sugerido nas prescrições da pedagogia. O prazer de observar apenas é nocivo ao Estado, assim como o é o prazer da atuação apenas. Ao realizar, no jogo, ações que são submetidas à sua própria observação, os jovens são educados para o Estado. Esses jogos devem ser inventados ou executados de forma que o Estado tenha um proveito. Sobre o valor de uma frase ou de um gesto não decide portanto a beleza, mas sim se o Estado tem algum proveito quando os jogadores enunciam a frase, executam o gesto e entram em ação. O proveito que o Estado deve ter poderia ser minimizado por cabeças estreitas, se por exemplo só deixassem os jogadores realizar as ações que lhes parecessem socialmente úteis. Pois justamente a representação do associal por aquele que se tornará cidadão do Estado será útil ao Estado, principalmente se for efetuada a partir de modelos precisos e grandiosos. O Estado pode melhorar os impulsos associais do homem ao solicitá-los (eles que nascem do medo e da ignorância) de uma forma perfeita e quase inacessível ao indivíduo sozinho. Este é o fundamento da utilização do teatro na pedagogia (17, 1022).

A *Teoria da Pedagogia* permaneceu fragmentária, embora Brecht tivesse anunciado um texto onde faria dela uma análise detalhada. No texto acima transcrito é explicitada a proposta de "educar os jovens através do jogo teatral" e "utilizar o teatro na pedagogia". Assim como os espectadores e/ou ouvintes devem

16   BRECHT: UM JOGO DE APRENDIZAGEM

ser transformados de passivos em ativos, através da "mudança de função" do teatro, também na relação ensinar/aprender reencontramos o princípio ativo. "O prazer de observar apenas é nocivo ao Estado, assim como o é o prazer da atuação apenas", e "educar os jovens através do jogo teatral" significa "fazer com que sejam ao mesmo tempo atuantes e observadores". Ao realizar "ações que são submetidas à sua própria observação", o aprendizado efetivo se realiza mediante a relação íntima entre teoria e prática. Brecht refere-se aqui à definição de aprendizagem que formulou mais tarde, dizendo que cada jogador acabará por adquirir "a noção prática do que é a dialética" e que a peça didática deve ser vista exclusivamente como "exercícios de flexibilidade destinados àquela espécie de atletas do espírito como devem ser os bons dialéticos"[25]. A dialética é caracterizada como método de comportamento e pensamento. Nesse sentido, a peça didática é concebida como modelo para uma relação dialética entre teoria e prática.

No texto talvez mais explícito de Brecht sobre a teoria da peça didática, assim denominado *Para uma Teoria da Peça Didática*, escrito em 1937, formulou a hipótese que fundamenta sua teoria:

A peça didática ensina quando nela se atua, não quando se é espectador. Em princípio, não há necessidade de espectadores, mas eles podem ser utilizados. A peça didática baseia-se na expectativa de que o atuante possa ser influenciado socialmente, levando a cabo determinadas formas de agir, assumindo determinadas posturas, reproduzindo determinadas falas.

A imitação de modelos altamente qualificados exerce um papel importante, assim como a crítica a esses modelos por meio de alternativas de atuação (improvisação) bem pensadas.

Não é necessário absolutamente que se trate apenas da reprodução de ações e posturas valorizadas socialmente como positivas; da reprodução de ações e posturas associais também se pode esperar efeito educacional.

Padrões estéticos, que são válidos para a criação de personagens da peça de espetáculo, estão fora de função na peça didática. Caracteres especialmente singulares, únicos, não aparecem, salvo se a singularidade e a unicidade constituírem o problema de aprendizagem.

A forma da peça didática é árida, mas apenas para permitir que trechos de invenção própria e de tipo atual possam ser introduzidos. (Em *Horácios e Curiácios*, por exemplo, pode haver antes de cada batalha um duelo de palavras dos generais, na *Decisão* é possível inserir livremente cenas inteiras, e assim por diante.)

---

25. *Europe, Revue Mensuelle* 35, in: *Alternative* 78/79, p. 131.

TEORIA 17

Para a forma de atuação valem as instruções do teatro épico.
O estudo do efeito de estranhamento é indispensável.
O domínio intelectual de toda a peça é imprescindível. Mas não é recomendável encerrar todo o ensinamento sobre a peça antes da atuação em si.
Em princípio, o efeito de aprendizagem também pode ser atingido quando
o atuante conta com parceiros que representam no filme.
A música de acompanhamento pode ser feita de forma mecânica. Por outro
lado, é proveitoso para os músicos criar a música para apresentações mecânicas
(filme); eles têm então a possibilidade de experimentar sua própria invenção
dentro dos limites dados pela peça.
Também para a atuação deve-se buscar, nos limites de certas determinações, uma atuação livre, natural e própria ao atuante. Não se trata, naturalmente, de um adestramento mecânico nem do restabelecimento de tipos médios,
ainda que seja almejado o restabelecimento de um alto nível médio.
Na peça didática é possível uma enorme diversidade. Durante as apresentações de *A Peça Didática de Baden-Baden*, o autor do texto e o autor da música
ficavam no palco e interferiam constantemente. O autor do texto indicava aos
clowns, abertamente, o local para as suas apresentações e, quando a multidão as-
sistiu, com grande inquietude e aversão, ao filme que mostrava homens mortos, o
autor do texto deu ao locutor a tarefa de exclamar, no final: "Mais uma vez a observação da representação da morte (foi) recebida com aversão – e o filme foi
repetido duas vezes" (7, 1024).

Embora não haja necessidade de espectadores, eles podem
ser utilizados. Possibilidades dessa utilização são, por exemplo,
discussões e "troca de diálogo entre os coros e os espectadores",
que ocorrem também nas duas versões da *Peça Didática de Baden-Baden sobre o Acordo*, e Brecht exemplifica aqui que, na *Decisão*, podem ser introduzidas livremente cenas inteiras "e assim
por diante". No caso de apresentações públicas, é permitido usar
outros recursos, como música, filme etc., sendo que Brecht enfatiza igualmente aí a experimentação a partir de "invenção própria". O princípio da improvisação deve ser mantido também durante a apresentação da peça didática. Brecht dá o exemplo da
Peça Didática de Baden-Baden, onde o autor interferia no processo da apresentação.

O princípio da *improvisação* é entendido como um projeto
desenvolvido por um grupo de indivíduos que se reúnem para fazer um experimento a partir de uma moldura predeterminada
(fornecida pelo texto). Nesse contexto, "trechos de invenção própria e de tipo atual podem ser introduzidos". O princípio da improvisação é contraposto à forma "árida" da peça didática, ou
melhor, justifica a estrutura dramatúrgica dessas peças. Através
da combinação entre invenção própria e moldura do texto, dá-se
o processo de comportamento livre e disciplinado.

18 BRECHT: UM JOGO DE APRENDIZAGEM

A "influência" a ser exercida sobre o atuante não visa fixar idéias, mas, posto que o pensamento deve permanecer livre, modificar o método de pensar. O "efeito educacional" é atingido através da imitação. A imitação não pode ficar restrita ao modelo fornecido pelo texto. À medida que Brecht enfatiza a "crítica a esses modelos por meio de alternativas de atuação" e "trechos de invenção própria e atual", a imitação também se dirige necessariamente a objetos (eventos, gestos, tons de voz, atitudes de comportamento) que foram experimentados fora do texto, na realidade de cada participante. Esse é um pressuposto para o efeito pedagógico da peça didática. A atualização do texto só pode realizar-se através do vínculo que o atuante estabelece com sua própria experiência (com o seu cotidiano). A aparente contradição entre imitação e crítica se dissolve, se for admitido que toda imitação pressupõe também uma modificação do modelo. Nesse sentido, a imitação já contém a crítica. Brecht entende a imitação como "elaboração de material existente" (15, 223).

Portanto, "reproduzir/copiar" significa para Brecht também modificar. Essa modificação não deve se deter nem mesmo diante do texto. A "aridez" da peça didática se dissolve face à participação do sujeito ativo que irá realizar o experimento. Brecht propõe que seja resgatado o processo de criação que deu origem ao texto. Evidência disso são as várias versões, a reescritura das peças didáticas pelo próprio Brecht.

Se, de um lado, Brecht considera que "padrões estéticos, válidos para a criação de personagens da peça de espetáculo, estão fora de função na peça didática", de outro, afirma que "o estudo do efeito de estranhamento é indispensável" e que "para a forma de atuação valem as instruções do teatro épico". Ele faz a seguinte ressalva: "Personagens especialmente singulares, únicas, não aparecem, a não ser que a singularidade e unicidade constituam o problema de aprendizagem".

Se, para atingir o "efeito de estranhamento" no palco do teatro épico, faz-se necessário um alto grau de maestria, Brecht julga que, para a peça didática, o "estudo do efeito de estranhamento é indispensável", ou seja, ele é parte intrínseca do procedimento com a peça didática. A peça didática torna, portanto, o novo método de representação acessível a qualquer pessoa. Já no plano do espetáculo, ele parecia a Brecht inatingível, mesmo com especialistas, em 1953 (16, 798).

Brecht acredita que a atuação deve buscar, no âmbito de certas determinações, uma atuação livre, natural e própria ao atuan-

TEORIA

te. Aparentemente contraditória, a conclusão aqui seria que, dado o fato de o atuante imitar modelos, ele tem a possibilidade de se confrontar como indivíduo com esses modelos.

Em uma conferência pronunciada na Suécia, em 1939, sobre "teatro experimental", Brecht afirma:

(...) para o teatro amador contemporâneo (de trabalhadores, estudantes e atores crianças), a libertação da obrigação de provocar hipnose se faz sentir de forma especialmente positiva. Torna-se possível estabelecer limites entre a atuação de amadores e atores profissionais, sem que uma das funções básicas do teatro deva ser abandonada (15, 303).

Benjamin estabelece uma diferença importante entre o teatro épico, em que o gesto representa um "meio artístico" do "tipo mais sutil", e a peça didática, em que o gesto "é um alvo imediato"[26]. A partir dessa diferenciação torna-se possível compreender por que o efeito de estranhamento é indispensável nos procedimentos com a peça didática. A função básica do teatro é mantida, à medida que trabalhadores, estudantes e atores crianças são levados a trabalhar com o gesto, sem serem submetidos a processos de identificação – "libertação da obrigação de provocar hipnose".

A íntima relação entre gesto e atitude aparece no texto *Para uma Teoria da Peça Didática*:

assim como (determinados) estados de espírito e cadeias de pensamentos levam a atitudes e gestos, também atitudes e gestos levam a estados de espírito e cadeias de pensamentos.

o tensionamento dos músculos do pescoço e a suspensão da respiração podem ser observados como fenômenos que acompanham a raiva (ou são conseqüência dela). no entanto, ao tensionar os músculos do pescoço e prender a respiração, pode-se também provocar a raiva. transferir o peso do corpo para uma das pernas, manter os músculos tremendo, girar o globo ocular etc. podem causar medo[27].

Em uma poesia que permaneceu como fragmento, Brecht deixa claro o princípio de relação e reversibilidade entre gesto e atitude:

Operar com determinados gestos
pode modificar o seu caráter

26. Walter Benjamin, *Versuche über Brecht*, p. 36.
27. Arquivo Bertolt Brecht, *in*: Steinweg (1976), p. 141.

20   BRECHT: UM JOGO DE APRENDIZAGEM

Modifique-o!
Quando as pernas ficam mais altas do que a bunda
A fala é diferente, e a maneira da fala
Modifica o pensamento (8, 377).

No ensaio *Vale a Pena Falar sobre o Teatro Amador?*, Brecht
fundamenta o processo educacional através do teatro. Tudo aquilo que contribui para a formação do caráter realiza-se, de acordo
com Brecht, na primeira fase da infância, onde ele frisa novamente a reversibilidade entre gesto e atitude. A imitação exerce aí um
papel básico:

Muitas vezes a gente se esquece o quanto é teatral a educação do homem.
A criança experimenta, muito antes de estar munida de argumentos, de forma totalmente teatral, como deve se portar. Quando acontece isto ou aquilo, é preciso
rir. Ri quando não deve e não sabe bem por quê. Na maioria das vezes, fica con-
fusa quando lhe perguntamos por que riu.

E assim também chora com os outros. Não chora lágrimas apenas porque
os adultos o fazem, mas sente também, ao chorar, sincero pesar. Isso se vê em
enterros, cujo significado as crianças não apreendem. São processos teatrais que
formam o caráter. O homem copia gestos, mímica, falas. E as lágrimas surgem do
pesar mas também o pesar surge das lágrimas. O adulto não é diferente. Sua
educação não pára nunca. Só os mortos não são transformados por seus iguais.
Isso explica o significado do jogo teatral para a formação do caráter.

Tampouco a arte permanece imune à maneira como é exercitada na sua
manifestação mais comum, despreocupada e ingênua. A arte do teatro é a mais
humana e difundida de todas as artes, aquela que é mais praticada, ou seja, aquela que não é exercida apenas no palco como também na vida. E a arte do teatro
de um povo ou de uma época deve ser julgada como um todo, como um organismo vivo, que não é saudável se não for saudável em todos os seus membros.
Esta também é a razão pela qual vale a pena falar de teatro amador (15, 433)[28].

O fato de que estados de espírito e cadeias de pensamentos
levem a posturas corporais e movimentos passíveis de serem per-

---

28. Berenberg, Gossler e Stosch em *Brechtdiskussion*, p. 131, ao interpreta-
rem esse texto da teorida da peça didática de Brecht, apontam para alguns indicadores de caminho, no sentido de determinar a origem da relação que Brecht
estabelece entre *atitude* e *gesto*. Ela pode ser encontrada já em Lessing (1754),
que no fragmento *Der Schauspieler* (*O Ator*) faz um esboço para uma "obra onde
serão desenvolvidos os fundamentos de toda a expressividade corporal" (Lessing,
Lessings sämtliche Schriften, vol. 14, pp. 179-189). A relação entre atitude e gesto
desempenha um papel importante na *Ausdruckspsychologie* (psicologia da expressão), tendo sido estudada por autores como Johann Engels, Charles Darwin
e Wilhelm Wundt.

TEORIA 21

cebidos fisicamente é um pressuposto de senso comum. Brecht constrói a sua teoria da peça didática sobre o fato de que causa e efeito nessa relação entre pensamento e sua expressão física podem ser invertidos. O primeiro relato de *Histórias do Sr. Keuner* (*Geschichten von Herrn Keuner*), deixa claro o princípio:

> "Sábia no Sábio É a Atitude."
> Veio conversar com o Sr. K. um professor de filosofia e lhe falou de sua sabedoria. Após algum tempo, o Sr. K. lhe disse: "Você está sentado de forma incômoda". O professor de filosofia ficou bravo e disse: "Não é sobre mim que eu queria saber mas sobre o conteúdo daquilo que falei". "Não tem conteúdo", disse o Sr. K. "Vejo que anda desajeitado e não há alvo que alcance. Você fala de modo obscuro, e não há clareza que, falando, crie. Vendo sua atitude, não me interessa o seu alvo" (12, 375).

Não apenas o sentimento, também o pensamento é, segundo Brecht, influenciado pelas atitudes corporais. O título da primeira história do Sr. Keuner é "Sábia no Sábio É a Atitude", e as atitudes negativas para o pensamento são "sentar-se de forma incômoda", "andar sem destino" – causas de pensamentos e falas "obscuros" (sem alvo).

No caderno do programa para a apresentação pública da *Peça Didática de Baden-Baden sobre o Acordo*, Brecht afirma:

> A peça didática, formada por algumas teorias de caráter musical, dramático e político, tendo por objetivo um exercício artístico coletivo, foi escrita para o autoconhecimento dos autores e daqueles que dela participam e não para ser um evento para quaisquer pessoas. Ela não está sequer concluída (...).

"Experimento" não tinha, portanto, para Brecht apenas um sentido estético formal. Nesse contexto vale a pena introduzir uma nota biográfica. Brecht justifica que "experimentos" sempre o interessaram mais do que "experiências" pelo fato de ter "estudado originariamente ciências naturais" (20, 96). A preocupação em "protocolar" as reações das pessoas submetidas ao "'experimento", *Diz-que-Sim/Diz-que-Não*, revela o caráter científico dos *Versuche*, que continham uma proposta programática.

No texto denominado *Instituto sem Espectadores* (data provável, 1929), escrito em um *Caderno de Notas*, Brecht afirma:

> (...) o caminho dessa dramaturgia leva, de um lado, ao grande drama dialético materialista (forma épico-documentária), (que é) na realidade apenas restauração do teatro existente, e, de outro, ao teatro didático ativo, um novo instituto sem espectadores, onde os jogadores são ao mesmo tempo ouvintes e falantes.

22 BRECHT: UM JOGO DE APRENDIZAGEM

sua realização reside no interesse de uma causa pública coletivista, sem divisão de classes[29].

O "grande drama dialético materialista" (forma épico-documentária) é claramente avaliado por Brecht como "apenas restauração do teatro existente". Já o "teatro didático ativo" é apresentado como uma inovação, um novo instituto sem espectadores, onde os jogadores são ao mesmo tempo ouvintes (receptores) e falantes (emissores).

Os experimentos de Brecht com a peça didática, que tinha por meta o "interesse de uma causa pública coletivista, sem divisão de classe", foram concretizados através de uma seqüência de tentativas, onde ele se confronta com o problema da aprendizagem. Em um texto datado de 1929, denominado *Conversa sobre Clássicos*, à indagação de Ihering sobre qual constituiria, de seu ponto de vista, o valor dos textos clássicos, Brecht responde:

> Para determinar este valor, devemos fazer um experimento intelectual. Imaginemos simplesmente que qualquer obra clássica, tomemos o *Fausto* ou *Guilherme Tell* seja representada por garotos, em uma escola. O senhor acredita que isto teria um valor para os garotos? O senhor ou outras pessoas teriam um proveito dos movimentos que iriam realizar, das atitudes que iriam assumir? Esses garotos estariam mais aptos para a vida do que outros, ou a sociedade da qual participam seria favorecida com isso? Responda seriamente, o que mais teriam feito esses garotos, além de dizer belas palavras e realizar gestos nobres? Em que situações teriam sido colocados, onde a vida os colocará novamente? Nossas obras clássicas foram feitas para o olho apenas, não para serem úteis (...) (15, 182).

Brecht submete o teatro a uma prova dialética. Não apenas o exemplo – a realidade transformada em teatro é submetida a um exame, como também a aprendizagem daquele que acompanha o exame (espectador e/ou atuante) é posta à prova.

No texto cujo título é *Equívocos sobre a Peça Didática*, datado de 1931, que também é fragmentário, a qualidade da própria aprendizagem é submetida a exame:

> algumas tentativas da dramaturgia mais recente, que se utiliza de uma forma de representação épica (narrativa), uma dramaturgia antimetafísica, dialética, não-aristotélica, foi discutida publicamente sob a denominação de "peça didática", tendo sido incompreendida e imediatamente imitada na sua forma exterior. diante dessa experiência avassaladora, parece questionável se a denominação

---

29. Arquivo Bertolt Brecht, *in*: Steinweg (1976), p. 54.

TEORIA 23

"peça didática" não foi muito infeliz e se a ênfase dada ao ensinamento, através dessas peças e da forma de representá-las, não foi um grave erro. o quadro-negro pode ser útil para dar aulas. a sua introdução oficial nos locais de diversão e experiência pode até ter significado demonstrativo. mas não constitui a parte mais importante do ensinamento. ao menos ele, sem o ensinamento, não possui especial interesse. não se pretendia oferecer à pretensão individualista e ao mercantilismo de literatos uma forma dramática e teatral nova. foi errado, portanto, arriscar equívocos? era possível evitá-los?

para evitar um novo equívoco: a questão não deve ser se no interesse do ensino teria sido melhor esconder a intenção de ensinar, muitas pessoas, entre elas as mais "avançadas", exigem de fato que o ensinamento seja oculto, querem ser ensinadas de uma forma subterrânea, refinada, intrigante. detestam o dedo em riste, e querem conhecer através da flor. já do ponto de vista social, o doutrinário é tido como deselegante. eu seria injusto com meus amigos que querem conhecer através da flor (de forma graciosa), se não considerasse seriamente suas propostas e ponderações. eles acreditam – sem levar em conta os efeitos do choque social – antes na eficácia pedagógica de uma forma de ensino de tipo concreto, que permanece no puramente contemplativo e resiste à abstração. temem o choque social. é relativamente fácil mostrar-lhes que esse choque é determinado socialmente e caracteriza apenas uma camada social que entende por aprendizagem algo muito bem determinado – a apropriação da cultura, a compra de uma mercadoria – e percebe o estudo como algo que os torna aptos para a carreira. portanto, uma camada que para nós não pode ser ensinada e é excluída. eles, como nós, entendem a aprendizagem como um processo, sendo que se trata de um processo vitalício e constante de adequação às circunstâncias. só o concluem ao morrer, não se ressentem quando são ensinados. entendem não apenas que devem ser ensinados pelas circunstâncias como também pelos homens, e sabem até que as circunstâncias são em grande parte produzidas pelos homens, que também podem ser ensinados. pois é justamente esse tipo de circunstâncias, que de outro modo seriam fenômenos fetichistas do destino, o que as torna passíveis de serem manipuladas. mas eles querem conhecer através do caminho da experiência – da experiência sensível, da vivência. eles querem o envolvimento, não querem ser confrontados. diante deles é necessário defender o conceito da peça didática, da dramaturgia pedagógica. ela é defendida, ao ser aprofundada.

portanto, agora não se coloca mais a questão: deve-se ensinar? agora a questão é "como se deve ensinar e aprender?"[30]

Brecht critica nesse texto o equívoco a que foi submetida a peça didática, especialmente por seus imitadores, à medida que ela foi imitada "na sua forma exterior". Ele se pergunta se tais equívocos poderiam ser evitados, se a denominação "peça didática" não teria sido muito infeliz, e a ênfase dada ao ensinamento nessas peças, um grave erro. Brecht não se aprofunda mais no

30. *Idem*, p. 129.

BRECHT: UM JOGO DE APRENDIZAGEM

problema do equívoco. Limita-se a acentuar que "não pretendia oferecer à pretensão individualista e ao mercantilismo de literatos uma forma dramática e teatral".

A pergunta formulada por Brecht sobre a possibilidade de evitar o primeiro equívoco leva-o a dedicar a segunda parte do texto a um outro possível equívoco, diferente do primeiro, o qual se refere à "introdução oficial" (da peça didática) "nos locais de diversão", onde ela assume "significado demonstrativo".

A pergunta formulada no final do texto *como se deve ensinar e aprender* é um dos temas centrais da *Compra do Latão*.

> O dramaturgo indaga:
> – E como se aprende, a partir da experiência? Pois no teatro não se vê apenas, mas também se experimenta. Existe melhor forma de aprendizagem?
> Ao que o filósofo responde:
> – Aí devemos examinar como se aprende através da experiência, sem que elementos de comentário sejam nela introduzidos. Existem muitos momentos que impedem o aprender e/ou o tornar-se mais esperto ao experimentar. Por exemplo, quando determinadas mudanças da situação se processam de forma demasiado lenta, imperceptivelmente, como se costuma dizer. Ou quando, através de outros incidentes, a atenção é dispersada. Ou quando se buscam as causas em acontecimentos que não eram causa. Ou quando aquele que experimenta tem fortes preconceitos.

> DRAMATURGO: Ele não pode abandonar seus preconceitos através de determinadas experiências?

> FILÓSOFO: Só se tiver refletido. Mesmo assim, ainda pode esbarrar em obstáculos.

> DRAMATURGO: Mas então "fazer por si mesmo" não é a melhor escola?

> FILÓSOFO: A experiência que é transmitida através do teatro não é um fazer por si mesmo. É errado acreditar que toda experiência é um experimento e querer retirar da experiência todas as vantagens que tem um experimento. Há uma enorme diferença entre uma experiência e um experimento (16, 527)[31].

Brecht estabelece aqui uma diferenciação para o conceito de aprendizagem. O texto insinua uma visão crítica do princípio pe-

---

31. Brecht utiliza os termos *Erlebnis*, que traduzo por "experiência", e *Experiment*, que traduzo por "experimento". O verbo *erleben* tem o significado de viver, chegar a uma certa idade, experimentar, podendo ser colocado como equivalente ao termo inglês *experiencing*.

TEORIA

dagógico *learning by doing*, que se limita a expor o aluno a uma situação de aprendizagem, sem que haja uma problematização do objeto da aprendizagem. Brecht refere-se aos "elementos de comentário" que "devem ser introduzidos na experiência". Ou seja, a reflexão deve conduzir o processo de aprendizagem, transformado, então, em experimento. Em outro trecho da *Compra do Latão*, a questão da aprendizagem é colocada a partir da perspectiva do espectador. A pergunta é retomada quando o dramaturgo exige: "O ensinamento deveria ser imperceptível". Ao que o filósofo responde: "Acredite, aqueles que querem o ensinamento imperceptível não querem ensinar" (16, 638).

Através do teatro épico, Brecht propõe ao mesmo tempo uma nova escritura dramatúrgica, uma nova prática de encenação e uma nova técnica de atuação. O teatro, espaço mediador entre o espectador e o mundo, é colocado a serviço de uma verdadeira pedagogia social: interrogando-se diante das contradições de uma realidade que a cena já não lhe apresenta mais como evidente, mas sim como passível de ser transformada, o espectador se prepara para agir sobre o mundo e modificá-lo. Já nas notas sobre a ópera *Grandeza e Decadência da Cidade de Mahagonny* verifica-se a preocupação pedagógica:

> O espectador do teatro dramático diz: "Sim, eu também já senti isso". "Eu sou assim." "O sofrimento desse homem me comove, pois é irremediável." "É uma coisa natural." "Será sempre assim." "Isso é que é arte – tudo ali é evidente." "Choro com os que choram e rio com os que riem." O espectador do teatro épico diz: "Eu nunca pensaria nisso". "Não é assim que se deve fazer." "Que coisa extraordinária, quase inacreditável." "Isso tem que acabar." "O sofrimento desse homem me comove porque seria remediável." "Isso é que é arte." "Nada ali é evidente." "Rio de quem chora e choro com os que riem" (17, 1009).

Dentro do grande objetivo de Brecht, ao relacionar arte e pedagogia, é possível reconhecer intuitos de níveis diversos. Se nas notas para a ópera *Mahagonny* o objetivo estava voltado para uma mudança de atitude no espectador, a teoria da peça didática propõe a preocupação do dramaturgo com o processo da aprendizagem, através da mudança de atitude do participante de um experimento pedagógico.

Na década de 20, ao lado de Brecht, vários artistas preocuparam-se com o aprofundamento e a facilitação do processo educacional. Para ampliar o horizonte e a capacidade de expressão dos menores abandonados em conseqüência da Revolução Russa,

26 BRECHT: UM JOGO DE APRENDIZAGEM

Makarenko apresentava toda semana uma peça de teatro[32]. Enquanto o grande pedagogo soviético assumia a função rígida (mas genialmente bem realizada) de diretor teatral e só encenava "grandes obras" diante do público, Asja Lacis estava, nessa mesma época, mais interessada numa "educação estética" de largo alcance.

> Eu queria levar as crianças a perceber que seus olhos vêem melhor, seus ouvidos ouvem melhor e suas mãos constroem, a partir do material disforme, coisas úteis[33].

Para a consecução desses objetivos, pareciam-lhe inoportunas peças escritas para crianças, que as submeteriam à vontade de um diretor. Em lugar de textos, introduziu o "jogo improvisacional" no qual o coordenador da atividade fica em segundo plano.

O *Programa para um Teatro Infantil Proletário*, escrito em função das experiências desenvolvidas por Asja Lacis com menores abandonados na Rússia do pós-guerra, data de 1928. Asja Lacis descreve em suas memórias as contribuições de Benjamin ao seu trabalho:

> Em 1928, falei de meu trabalho a Johannes R. Becher e Gerhard Eisler. Eles gostaram do modelo de uma educação estética para crianças. Propuseram que organizasse um teatro infantil no Liebknechthaus. Faria o planejamento. Walter Benjamin já ouvira falar, em Capri (1924), de meu teatro infantil e demonstrara intenso interesse. Vou elaborar o programa, disse-me ele, para fundamentar e descrever seu trabalho prático de forma teórica. E ele o escreveu, na realidade. Mas nas primeiras versões, o meu trabalho é apresentado de maneira confusa e complicada. No Liebknechthaus o pessoal leu-o e deu risada. Foi isso o que Benjamin lhe escreveu! Devolvi o programa a Benjamin para que o redigisse de forma mais clara. Assim surgiu o *Programa para um Teatro Infantil Proletário*, na segunda versão (a primeira ainda não foi encontrada)[34].

É incerto se as experiências de Asja Lacis com o teatro infantil em Orel chegaram até Brecht. Embora Asja Lacis enfatize que "fez um relato detalhado a Benjamin de seu trabalho, em Capri"

---

32. A. S. Makarenko, *Poema Pedagógico*. São Paulo, Brasiliense, 1985, V. II.

33. Asja Lacis, *Revolutionär im Beruf. Berichte über proletarisches Theater, über Meyerhold, Brecht, Benjamin und Piscator* (editado por Hildegard Brenner), Munique, 1971, p. 26.

34. *Idem*, p. 26.

TEORIA

(1924), não se sabe se ele falou sobre o assunto com Brecht. "Não existe nenhuma informação, até onde pudemos verificar, de que Brecht tenha conhecido o programa de Benjamin."[35]

Os esforços de Asja Lacis em favor de um teatro infantil proletário faziam parte da tentativa de solucionar um dos problemas mais difíceis da pedagogia pós-revolucionária na União Soviética. As conseqüências da Guerra Mundial, da Revolução e da crise econômica de 1921-1922 fizeram com que os *besprisornye*, bandos de crianças e jovens abandonados, atingissem a cifra de sete milhões em 1922.

O trabalho de Asja Lacis com um teatro infantil proletário em Orel destinava-se à educação de menores abandonados, impossível de ser realizado em instituições tradicionais. Os *besprisornye* raramente haviam passado por um processo de escolarização ou possuíam qualquer experiência de vida familiar. O objetivo da educação proletária não era transmitir ensinamento, instrução, informação, como Benjamin acentua no programa:

> Nós perguntamos com simplicidade, mas jamais deixaremos de perguntar pelos instrumentos de uma educação proletária baseada na consciência de classe. Para isso, vamos prescindir, nas partes seguintes, do ensino científico, pois muito antes que as crianças possam ser ensinadas de uma forma proletária (em questões ligadas à técnica, à história de classe, à eloqüência etc.) precisam ser educadas proletariamente. Começamos com o quarto ano de vida[36].

Benjamin sublinha a importância da "improvisação" no processo pedagógico:

> (...) em todas elas (as várias formas de expressão) a improvisação permanece como central; pois, em última instância, a apresentação é apenas a síntese improvisada de todas. A improvisação predomina; ela é a constituição da qual emergem os sinais, os gestos sinalizadores. A "encenação" ou "teatro" deve, justamente por isso, ser a síntese desses gestos, pois manifestam-se de maneira inesperada e apenas *uma única vez* (grifo no original), mostrando-se portanto como o autêntico espaço do gesto infantil. Aquilo que se extrai à força da criança, como desempenho acabado, jamais pode medir-se em autenticidade com a improvisação (...) todo desempenho infantil orienta-se, não pela eternidade dos produtos, mas sim pelo instante do gesto. O teatro, enquanto arte efêmera, é infantil[37].

35. Berenberg, Gossler e Stosch *in: Brechtdiskussion*, p. 139.

36. Walter Benjamin, *A Criança, o Brinquedo, a Educação*. São Paulo, Summus, 1983, p. 83.

37. *Idem*, p. 86.

28 BRECHT: UM JOGO DE APRENDIZAGEM

Em uma fase mais avançada do experimento, quando as crianças "exigiram que a fantasia e as habilidades adquiridas fossem materializadas em objetos", foi ensaiada uma peça infantil de Meyerhold (*Alinur*, a partir de *O Garoto de Estrelas*, de Oscar Wilde), por meio de um processo de "improvisação com materiais concretos". Dado o desejo manifestado pelas crianças, o trabalho foi mostrado para toda a cidade.

Não é certo que Benjamin tenha assistido à apresentação. Seu "programa" propõe que, em face da apresentação, o educador recue para um plano secundário:

(...) pois nenhuma sabedoria pedagógica pode prever como as crianças, através de milhares de variações surpreendentes, concentram em uma totalidade teatral os gestos e habilidades treinados. Se já o ator profissional considera freqüentemente a estréia uma ocasião para testar as mais felizes variações no papel estudado, a criança leva o gênio da variação a plenos poderes. A encenação contrapõe-se ao treinamento pedagógico como libertação radical do jogo, processo que o adulto pode tão-somente observar, (...) a encenação é a grande pausa criativa no trabalho de educação, (...) durante a apresentação as crianças sobem no palco e ensinam e educam os atentos educadores. Novas forças, novas inervações surgem à luz, das quais o diretor jamais teve qualquer vislumbre durante o trabalho. Ele vem a conhecê-las somente nessa selvagem libertação da fantasia infantil. Crianças que fizeram teatro dessa maneira libertaram-se em tais encenações. Sua infância realizou-se no jogo. (...) Esse teatro infantil é ao mesmo tempo, para o espectador infantil, o único proveitoso. Quando adultos representam para crianças, irrompem patetices (...) verdadeiramente revolucionário é o efeito do *sinal secreto* (grifo no original) do que está por vir, o qual fala através do gesto infantil[38].

O sucesso da "educação moral e estética", relatado por Asja Lacis, deveu-se em grande parte à sua personalidade. O problema social dos *besprisornye* na União Soviética não poderia talvez ser resolvido através do teatro infantil proletário. Seria por demais extenso e complexo alongar-se sobre as implicações do trabalho de Asja Lacis (política cultural da União Soviética etc.).

A fundamentação teórica de Walter Benjamin visa à "educação estética", ao "desenvolvimento de capacidades estéticas e morais das crianças". Esta educação precisava ser realizada no âmbito de uma tarefa que tinha por objetivo apreender a criança como um todo e liberar suas capacidades, que estavam traumatizadas. A função do educador devia ser limitada à de um observa-

38. *Idem*, p. 87-88.

TEORIA 29

dor, evitando-se qualquer direcionamento estratégico ou imposição de uma ideologia. Nessa concepção, orientada pela idéia da auto-regulação dos interesses infantis, Asja Lacis dava às crianças a possibilidade de exercitarem suas aptidões através do desenho e pintura, música, escultura, ginástica e teatro.

O conceito de peça didática de Brecht deve ser compreendido como uma síntese crítica entre as várias tendências que procuraram relacionar teatro e pedagogia. Ele se dirigiu a crianças, mas as peças didáticas foram também realizadas por adultos (*A Peça Didática de Baden-Baden sobre o Acordo* e *A Decisão*). Quatro dos seis textos e dois fragmentos que constituem as peças didáticas de Brecht foram escritos especificamente para ser usados por crianças em escolas. As peças didáticas trazem subtítulos que explicitam essa preocupação. O *Vôo sobre o Oceano* foi chamado por Brecht de "peça didática para rapazes e moças" – "um empreendimento pedagógico" –, *Diz-que-Sim/Diz-que-Não* foi denominada "ópera escolar" e "peça didática para escolas", *A Exceção e a Regra* e *Horácios e Curiácios* receberam a designação de "peça sobre dialética para crianças". Também o *Fragmento Fatzer* e *O Malvado Baal, o Associal* são peças didáticas. A *Peça Didática de Baden-Baden sobre o Acordo* e *A Decisão* foram compostas para corais operários.

Brecht escreveu ainda um texto, que não é peça didática no sentido estrito, mas merece referência nesse contexto, *Vida de Confúcio* (Leben des Kung Fu Tse), composto para um teatro que tem crianças como atores. Nas observações para a peça, diz:

> Poderá parecer que não se fará justiça ao nobre objeto, confiando a representação a crianças. É preciso objetar que, para crianças, apenas os objetos mais elevados são suficientemente altos. Além disso, a representação de uma vida como essa no teatro, mesmo quando empreendida pelos melhores atores, manterá sempre uma certa imperfeição, e o autor prefere as imperfeições na representação de crianças às imperfeições na representação de artistas adultos, (...) crianças não são capazes de representar sutis interioridades psicológicas – uma forte razão para confiar a elas a representação de uma grande figura pública que formulou informações úteis. É necessário tratar objetos profundos com alegria e cumprimentar autoridades com benevolência: que os intérpretes infantis preparem uma recepção como essa para o grande professor (7, 2991).

Na peça, um grupo de crianças que estava jogando bola decide brincar de escola. Nesse jogo dentro do jogo, o menino mais velho quer ensinar "boas maneiras" aos seus parceiros mais jovens. Passa a representar o "grande e legendário rei Yen", en-

BRECHT: UM JOGO DE APRENDIZAGEM

quanto os outros garotos se transformam em seus generais. O rei oferece, como sinal de sua aprovação pela vitória no combate do qual participaram, "um pote de gengibre real". O general Fu, convidado a apresentar-se à frente e receber o gengibre que lhe é oferecido, coloca a mão dentro do pote e, gulosamente, enfia na boca a maior quantidade possível. O mesmo se dá com o general Tao. O rei Yen/professor mostra para o menorzinho "como ele deve receber o pote real se quiser demonstrar cortesia":

> (para o menor) Segure você o pote (como o menor também quer agarrar o pote com voracidade). Não! Com as duas mãos! Agora você é o grande e legendário rei Yen enquanto eu represento o general Gô (o menor segura o pote). Primeiro, faço um cumprimento. Assim. Com isso dei a entender que considero grande demais o presente. Mas como o rei Yen me oferece o pote pela segunda vez, eu o recebo, depois de ter feito mais um cumprimento para mostrar que só aceito o pote para obedecer-lhe. Mas como recebo o pote? Com voracidade? Como um porco que quer devorar uma bolota? Não. Calmamente e com cortesia (ele o faz). Quase com indiferença, mas com grande estima. Ponho a mão com indiferença. Como ponho a mão? (7, 2989).

O procedimento é repetido. Cada general experimenta novamente o gengibre e come gulosamente. Somente o menor aprendeu a lição de boas maneiras. Enquanto os dois meninos maiores saem correndo para jogar bola, o menor, que ganharia como recompensa o resto do gengibre, abana tristemente a cabeça – o pote real está vazio. O rei Kung conclui com a máxima:

> Acredito que duas coisas sejam necessárias para que a nobre discrição seja mantida ao comer um pote de gengibre: primeiro, o mais sutil sentimento de cortesia, e segundo, um pote cheio.

A lição instaura o processo dialético. Os meninos cantam no final:

> Pouco gengibre
> Pouca cortesia
> Pois a cortesia é uma coisa bela
> E o gengibre é uma coisa doce (7, 2991).

Sobre o que versa a lição? Ensinar boas maneiras à mesa? Quando se pode ser cortês? Quem pode ser cortês? Em determinada situação, valores maniqueístas passam a ser relativizados.

A peça propõe um *Theaterspiel* (jogo teatral) – expresso no texto pelo recurso do jogo dentro do jogo: meninos brincando de bola que decidem brincar de escola. Através da relação professor/alunos (o mais velho dos meninos, o professor, faz de conta que é o rei Yen, enquanto seus parceiros passam a desempenhar o papel de generais) é proposto um novo jogo: rei/generais. Essa sucessiva proposição do jogo dentro do jogo conduz à consciência da representação do papel, o que ainda é acrescido da estratégia da *troca de papéis*, explicitamente apresentada pelo autor: "Porque agora você é o grande e legendário rei Yen, enquanto eu represento o general Gô".

Em oposição a Lacis, Brecht utiliza "modelos de ação" (textos). A improvisação é introduzida a partir do texto e "deve ser bem pensada", segundo Brecht. O conceito de peça didática, partindo de equívocos, foi muitas vezes mal interpretado. Não se trata de ensinamentos a um público através de um autor ou diretor à medida que se entenda por ensinamento a transmissão de idéias e/ou pontos de vista. Os atuantes "ensinam" a si mesmos. Eles aprendem por meio da conscientização de suas experiências, e a peça didática é um meio de aprendizagem.

Apesar das relações que é dado estabelecer entre a peça didática e a teoria do teatro épico, será útil tratar a peça didática como um campo de estudo específico. Ela propõe uma prática pedagógica que se fundamenta em uma teoria político-estética diferenciada e com significação própria. Nesse sentido, o exercício com a peça didática representa uma alternativa séria para a pedagogia.

2. Dramaturgia e Encenação

> *Eu era Hamlet. Estava à beira-mar e falava, com a ressaca, na língua do blablablá. Atrás de mim, as ruínas da Europa.*
>
> HEINER MÜLLER

Eu me recuso a aplicar meu talento livremente, utilizo-o como educador, político, organizador. Não há um só ataque contra a minha entrada na cena literária – plagiário, agitador, sabotador – que eu não reivindique para a minha atuação não-literária, anônima, mas planejada, como um homem de honra[1].

Benjamin, que analisou com profundidade o trabalho experimental desenvolvido por Brecht nos *Versuche*, qualificando o caminho percorrido como "dos mais ásperos", afirma:

Os *Versuche* são aplicações do talento de Brecht. O novo é que os lugares onde ele é aplicado são realçados com toda a sua importância. O poeta tira licença da sua "obra" em função deles e, assim como um engenheiro inicia escavações de petróleo no deserto, retoma sua atividade no deserto do presente, em pontos exatamente calculados. Lugares como esse são o teatro, a anedota, o rádio – outros seriam iniciados mais tarde[2].

---

1. Walter Benjamin, *Versuche über Brecht*, Frankfurt, Suhrkamp, 1981, p. 9.
2. *Idem*, p. 10.

34 BRECHT: UM JOGO DE APRENDIZAGEM

O primeiro caderno dos *Versuche*, publicado em 1930, contém *Histórias do Sr. Keuner* (*Geschichten von Herrn Keuner*), partes de *Decadência do Egoísta Johann Fatzer* (*Untergang des Egoisten Johann Fatzer*) e a peça didática *Vôo de Lindberg* (*Der Lindberghflug*). Brecht explica nesses cadernos que seus trabalhos já não são experiências individuais (não têm mais o caráter de obra), mas foram antes dirigidos para o uso (transformação) de determinados institutos e instituições (têm caráter experimental)[3].

As *Histórias do Sr. Keuner* representam, segundo Brecht, "uma tentativa de fazer com que gestos possam ser citados". Passíveis de serem citadas não são apenas a atitude do Sr. Keuner, como também as palavras que a acompanham. "Também as palavras devem ser exercitadas, isto é, primeiro memorizadas e depois entendidas. Elas exercem num primeiro momento efeito pedagógico, depois político e por último poético."[4]

A primeira dificuldade a ser superada é uma interpretação "realista" dos textos. A pequena história do Sr. Keuner "O Garoto Indefeso" ("Der Hilflose Knabe"), por exemplo, que foi significativamente incorporada no fragmento *O Malvado Baal, o Associal* (*Der böse Baal, der Assoziale*), poderá provocar estranheza diante da maneira de agir do Sr. Keuner/Baal. Ela parecerá cruel e injusta.

Rua na Periferia da Cidade

Diante dos cartazes de propaganda de um cinema obscuro, Baal encontra, acompanhado de Lupu, um garotinho que está soluçando.

BAAL: Por que está chorando?

GAROTO: Eu tinha duas moedas para ir ao cinema, aí veio um menino e me arrancou uma delas. Foi este aí. (*Ele mostra.*)

BAAL: (*para Lupu*) Isto é roubo. Como o roubo não aconteceu por voracidade, não é roubo motivado pela fome. Como parece ter acontecido por um bilhete de cinema, é roubo visual. Ainda assim: roubo.

Você não gritou por socorro?

GAROTO: Gritei.

BAAL: (*a Lupu*) O grito por socorro, expressão do sentimento de solidariedade humana, mais conhecido ou assim chamado, grito de morte.

3. *Idem*, p. 10.

4. *Idem*, p. 10.

DRAMATURGIA E ENCENAÇÃO

         (*Acariciando-o.*) Ninguém ouviu você?

GAROTO: Não.

BAAL: (*para Lupu*) Então tire-lhe também a outra moeda. (*Lupu tira a outra moeda do garoto e os dois seguem despreocupadamente o seu caminho*).

        (*para Lupu*) O desenlace comum de todos os apelos dos fracos[5].

O Sr. Keuner é o pensador. Benjamin lembra como Brecht imaginava a entrada em cena dessa personagem de suas histórias. "Seria trazido em uma maca, pois o pensador não se incomoda, e então acompanharia os processos no palco, em silêncio, ou também não os acompanharia."[6] Segundo Benjamin, mobilizar esse pensador a existir em cena, "esta é a aspiração deste novo teatro"[7].

O pensador possui traços de sabedoria chinesa e qualidades infinitas. E ele tem um objetivo que não abandona – o novo Estado. Confúcio é seu ideal. A ação política não nasce da fraternidade, amor ao próximo, idealismo, nobreza ou outros valores humanistas. Sua atitude é antes *associal*. O modelo de comportamento não visa à atitude ética, mas quer mostrar contradições e apontar para a atitude social através do jogo dialético.

As *Histórias do Sr. Keuner* não são cópias fiéis da realidade – o que merece ser imitado não é a maneira de agir concreta do Sr. Keuner (que pretende antes provocar o leitor a "pensar de novo a cada nova situação") (2, 629), porém a sua atitude. Exemplar nesse sentido é a primeira história do Sr. Keuner "Sábia no sábio é a atitude" (12, 375).

A expressão muitas vezes utilizada por Brecht *ein greifendes Denken* (pensamento operativo) que desempenha um papel tão importante nas peças didáticas e nas *Histórias do Sr. Keuner* é principalmente um pensamento a partir de um objetivo. Implica a relação dialética entre teoria e prática, visando interferir no contexto das contradições sociais. Seu exemplo mais belo é a história do desenho da sobrinha do Sr. Keuner:

O Sr. Keuner observou o desenho de sua pequena sobrinha. Representava uma galinha que voava sobre um quintal. Por que sua galinha tem três pernas?,

---

5. Bertolt Brecht, *Der böse Baal, der Assoziale. Texte, Varianten, Materialien* (ed. Dieter Schmidt), Frankfurt, Suhrkamp, 1968, p. 88.

6. Walter Benjamin, *Versuche*, p. 11.

7. *Idem*, p. 21.

36 BRECHT: UM JOGO DE APRENDIZAGEM

perguntou o Sr. Keuner. Galinhas não sabem voar, disse a pequena artista, por isso precisei de uma terceira perna para dar-lhe o impulso. Fico feliz por ter perguntado, disse o Sr. Keuner (12, 400).

Brecht estranha o próprio efeito de estranhamento para mostrar a atitude da qual se originou. "Quem diz *a*, não necessita dizer *b*. Pode reconhecer que *a* estava errado" (2, 629). O "velho costume" pode ser substituído por um novo, o de "pensar de novo a cada nova situação". O novo costume só é possível se *a* for corretamente reconhecido, isto é, se for estranhado do ponto de vista da razão – para que não mais pareça evidente.

A dramaturgia de Brecht é povoada de personagens associais. Ao lado do Sr. Keuner, encontramos Mackie Messer, Baal e ainda o egoísta Fatzer, entre outros. Essas figuras não são exemplos de comportamento negativo. Interessam a Brecht como revolucionários virtuais. Segundo Benjamin, Brecht transfere o princípio teórico de Marx, de que a Revolução se desenvolverá a partir do sistema capitalista, para a esfera humana, "ele quer deixar que o revolucionário emerja do tipo malvado, egoísta, sem qualquer ética. Assim como Wagner desenvolveu o homúnculo na retorta, a partir de uma mistura mágica, Brecht quer desenvolver o revolucionário na retorta a partir da baixeza e da vulgaridade"[8].

Anotações no *Arbeitsjournal* demonstram que, dezoito anos mais tarde, Brecht ainda se preocupava com a personagem associal. Em 11 de setembro de 1938 escreve:

> Reli o *Baal* por causa da edição de obras completas. É uma pena. Sempre foi um torso. Ele foi mais tarde modificado várias vezes para as (duas) edições e a encenação. Com isto o sentido quase se perdeu. Baal, o provocador, o admirador das coisas como são, aquele que gosta de viver e deixar que os outros vivam. Seu enunciado FAÇA O QUE DÁ PRAZER teria bom resultado se fosse elaborado. Pergunto-me se devo tomar o tempo para fazê-lo (é preciso salientar: as peças didáticas de *O Malvado Baal, o Associal*).

Interessava a Brecht portanto retomar o projeto da peça didática, iniciada em 1930, que permaneceu sob a forma de fragmento.

Em registro no *Arbeitsjournal*, a 4 de março de 1939, Brecht volta a se referir ao fragmento. O texto tem por título *Impulsos Associais*:

8. *Idem*, p. 14.

DRAMATURGIA E ENCENAÇÃO 37

Hoje compreendi finalmente por que nunca consegui elaborar as pequenas peças didáticas sobre as aventuras de *O Malvado Baal, o Associal*. Pessoas associais são aquelas possuidoras dos meios de produção e outras fontes de renda. Como tais são associais, como também o são seus auxiliares e os auxiliares dos auxiliares, mas apenas como tais. É justamente este o evangelho do inimigo da humanidade, o fato de existirem impulsos associais, personalidades associais etc.

Brecht faz aqui uma crítica ao seu projeto. As pessoas associais são associais apenas como possuidoras dos meios de produção. Não existem impulsos associais. A afirmação desses impulsos serve aos interesses dos inimigos da humanidade. A perspectiva de 1939 é diferente daquela manifestada na época de publicação dos *Versuche*. É possível que a orientação a partir do conceito de socialismo como uma "grande produção" em lugar de "grande ordem" tenha levado Brecht a rever sua posição diante do fragmento. Em uma anotação no *Arbeitsjournal*, em 7 de março de 1941, Brecht faz um comentário sobre *O Malvado Baal, o Associal*:

O grande erro que me impediu de realizar as pecinhas didáticas de *O Malvado Baal, O Associal* provinha da minha definição do socialismo como uma GRANDE ORDEM. É preciso defini-lo, no entanto, de uma forma mais prática como uma GRANDE PRODUÇÃO. Produção deve ser entendida naturalmente no sentido mais amplo, e a luta é dirigida à libertação da produtividade, de todos os homens, de todos os grilhões. Os produtos podem ser pão, lâmpadas, chapéus, peças musicais, partidas de xadrez, irrigação, beleza, caráter, jogos etc. etc.

Surpreende a freqüência com que se encontra nos escritos sobre a teoria da peça didática o termo "associal". As peças didáticas oferecem como modelo de imitação modelos "associais mas altamente qualificados", segundo Brecht. O princípio de aprendizagem dialético rompe com a relação maniqueísta de valores (bom/mau, certo/errado). Ao experimentar, no jogo, o comportamento negativo, "os impulsos associais", o atuante conquista o conhecimento no sentido de comunidade e coletivo. As ações socialmente "úteis" não são propostas como modelares em si, mas devem ser conquistadas através da representação do "associal" – o atuante experimenta a contradição proposta pelo "modelo de ação" (texto) refletindo sobre ela. No exemplo de uma das cenas, denominada "O Malvado Baal, o Associal, e os Dois Mantos":

BAAL: Desde ontem à noite caminho por um frio cada vez maior, pelas florestas, até onde elas se tornam mais escuras. A tarde foi gelada. A noite,

38 BRECHT: UM JOGO DE APRENDIZAGEM

mais gelada ainda. E muitas estrelas se escondem de manhã em uma névoa esbranquiçada. Hoje os arbustos ocupam o menor espaço no ano todo. O que é mole gela. O que é duro demais se quebra.

O CORO DA ESQUERDA: O melhor estado é que
o frio venha antes do calor.
Tudo se torna tão pequeno
quanto pode ser. Tudo
silencia com tanta parcimônia,
o pensamento é irrealizável,
e depois vem o calor.

O POBRE: Está frio. Não tenho manto. Estou com frio. Ali, aquele grande senhor talvez possa me dizer o que posso fazer contra o frio. Boa tarde, senhor.

BAAL: (*imóvel*) Você não sabe que não deve se dirigir a um homem na rua?

O POBRE: Está muito frio, senhor. O senhor pode me dizer o que posso fazer contra o frio?

BAAL: Não está frio. (*Mostra seus dois mantos.*)

O CORO DA DIREITA: O animal sem pêlo,
no frio ele gela e
o frio vem.
O homem sem manto
gela porque está frio.
Porque o mundo é frio.
E o pensador ama
o mundo como ele é.

O POBRE: O senhor pode me emprestar um manto?

BAAL: (*Olha para ele, espantado.*)

O POBRE: Está frio. Não tenho manto. Tenho frio, irmão.

BAAL: Como se chama? (*Depois de haver tirado um dos mantos, de repente, desconfiado.*)

O POBRE: José, seu irmão.

BAAL: (*Conta nos dedos.*) Eu tinha três irmãos: irmão Antônio, irmão Carlos. Não sei mais quem. Justamente do terceiro nome não consigo me lembrar. Mas vou procurar pensar o dia todo e a noite que segue como era o nome de meu terceiro irmão. Volte amanhã, José.

O POBRE: Mas tenho frio. Não posso esperar até amanhã – ali está uma cadeira. Vou queimá-la para aquecer-me.

BAAL: Dê-me a cadeira para que eu possa sentar-me e pensar.

O POBRE: (*Arrasta a cadeira.*) Pense, então, senhor.

BAAL: Também os dois mantos são por demais pesados.

O CORO DA DIREITA: Louvem o belo animal, o
terrível, seu olhar claro

DRAMATURGIA E ENCENAÇÃO

reflete o medo natural
do mundo, que não pode ser modificado
sem acréscimo. Não tem
medo do futuro e
fome do inimigo. Toma
o que vem para os
outros e para si.

BAAL: Tenho pensado e já posso lhe dizer: tem que haver uma esperança em você, porque senão morre de frio. Dê-me a sua roupa para que eu possa sentar-me melhor e então poderei pensar melhor.

O POBRE: (*Dá-lhe a sua roupa.*) Então pense melhor.

BAAL: Sente-se aos meus pés, José, e saiba que o mundo está cheio de carência. Ele é frio, e isso é um erro. Nosso pai Gaspar gerou filhos demais. Falando com maior precisão, um deles foi demais. E também o homem é duro demais e por demais voltado para o material, como por exemplo você, José.

Por acaso mostrou alegria ao me encontrar, o seu irmão Baal? Ou foi só porque eu tinha o manto que me reconheceu? Agora você silencia. Eu no entanto poderia lhe mostrar algo que o teria ajudado, e a muitos como você. Na minha roupa mais íntima guardo algo. Se o nosso pai Gaspar a tivesse você não existiria e o frio não seria necessário. Está claro que não posso alcançá-la e é difícil chegar até ela, já que está na minha roupa mais íntima. Tenho razão, José? Pode dizer algo contra isso? Não, não pode. Então, tenho razão? (*O pobre cai, gelado, o Malvado Baal, o Associal, ri.*)

BAAL: Você era um dos que estavam determinados a morrer gelados.

O CORO DA ESQUERDA: O mundo é frio,
por isso o modifiquem.
Se o homem está acostumado ao calor,
e morre de frio sem manto,
dêem-lhe logo o manto.
O pensador ama
o mundo como ele será[9].

Baal foi a primeira peça escrita por Brecht, quando contava vinte anos (1918). A peça de espetáculo, em oposição à peça didá-

---

9. Bertolt Brecht, *Der böse Baal, der Assoziale*, p. 84.

40 BRECHT: UM JOGO DE APRENDIZAGEM

tica, poderia ser caracterizada como uma "peça biográfica". O acento recai sobre a personagem Baal, um poeta bêbado, um Rimbaud/Villon. Baal escreve poesias desregradas e as canta, acompanhado pelo violão, diante de carroceiros. Baal consome bebidas e mulheres. Seduz muitas garotas, às vezes duas ao mesmo tempo, traindo seus melhores amigos. Nada faz além de comer, beber e entregar-se ao prazer. Cansado das mulheres, depois de trocá-las por um amigo, termina matando-o por ciúme e vício. Baal morre, depois de declarar amor a si mesmo. Trinta e seis anos depois, Brecht constata secamente "Falta sabedoria a esta peça". O sentimento anárquico de *Baal* dominou a produção de Brecht durante a década que se seguiu, até a *Ópera dos Três Vinténs*, em 1928.

Ao retomar a personagem Baal, em 1930, como projeto para uma peça didática, esta passa por uma transformação em função da nova visão de mundo do autor, preocupado com o estabelecimento de uma nova "ordem social". Em lugar do rebelde indiferente, na peça didática, Baal equivale à figura do Sr. Keuner. A característica associal de Baal, seu principal traço, não representa mais apenas uma agressão aos valores da sociedade burguesa e um hino à liberdade anárquica. Ele não é tampouco denunciado pelo autor como exemplo negativo. O Baal da peça didática possui, tal qual o Sr. Keuner, objetivo e sabedoria. Por meio do comportamento associal de Baal, Brecht pretende desatar o nó para que pressupostos assentados desmoronem e se transformem em questionamentos. Vale a pena pensar? É útil pensar? Útil para quem?

Provocativo no modelo associal é que o associal não pode ser reconhecido com antecedência. Aquilo que de início parecia responsável perante os homens vira o seu contrário, e, no decorrer da fábula, o oposto se evidencia como altamente responsável. Um papel importante exercem aí sentimentos e emoções como amor/medo/espontaneidade, que passam a ser relativizados.

"Uma peça impossível"[10] – assim Brecht comenta criticamente um texto no qual trabalhou de 1927-1931 – *Decadência do Egoísta Johann Fatzer* (*Untergang des Egoisten Johann Fatzer*). Era projeto de Brecht inicialmente escrevê-la como peça de espetáculo, mas depois desenvolveu-a como peça didática. O empreendimento "impossível" permaneceu em estado de fragmento.

---

10. *In:* Steinweg (1976), p. 77.

DRAMATURGIA E ENCENAÇÃO   41

Em 1930 Brecht publicou, no primeiro caderno dos *Versuche*, três cenas e uma poesia da peça inacabada[11].

A peça "impossível" decompõe-se em elementos conteudísticos e dramatúrgicos heterogêneos, que só podem ser encenados através de reestruturações[12].

Entre os esboços de Brecht, encontra-se um texto que narra a fábula da peça:

> Em Müllheim, no Ruhr, ocorreu, no tempo despido de toda moral da Primeira Guerra, uma história entre quatro homens, que culminou com a total destruição de todos os quatro, mas que, em meio a assassinato, quebra de juramento e perversão, mostrava os rastros sangrentos de uma nova moral. No terceiro ano da guerra, desapareceram, durante o ataque diante de Verdun, quatro homens, a tripulação de um tanque. Eles foram julgados mortos e apareceram, no início de 1918, secretamente em Müllheim, onde um deles possuía um quarto num celeiro. Diante da ameaça constante de serem presos e executados como desertores, era-lhes difícil arrumar o sustento, tanto mais quanto eram quatro. Decidiram, no

11. Em *Das Lehrstück* (1972), Steinweg publicou pela primeira vez o material contido no Arquivo Bertolt Brecht sobre o complexo Fatzer. "O material se apresenta, de imediato, como um agregado caótico de cenas, partes de diálogo e monólogo, partes para coro, textos teóricos e semiteóricos e por volta de cinqüenta esboços de fábulas e resumos de cenas, com muitas repetições, variações, ampliações, diferenças." (Lehrstück, p. 231).

No Arquivo Bertolt Brecht encontram-se, segundo Steinweg, 550 páginas manuscritas.

12. Para a encenação realizada no Hamburger Schauspielhaus, em 1978, Heiner Müller elaborou uma versão que incorpora todas as partes do texto [Müller, Heiner. *Untergang des egoisten Johann Fatzer*. Fassung von Heiner Müller (manuscrito no Henschelverlag, Berlim).]. Dirigida por Mathias Langhof e Manfred Karge (RDA), a personagem "Fatzer" foi interpretada por Jörgen Holtz (RDA), sendo o elenco composto por atores das duas Alemanhas. Paralelamente, foi encenado com o mesmo elenco *Príncipe de Homburg*, de Heinrich von Kleist. Segundo Langhof, "na teoria da peça didática de Brecht existe um enorme potencial para utilizar o teatro, levando a sociedade a compreender-se a si mesma" [Depoimento de Mathias Langhof *in:* Vídeo "Die Fatzerfragmente". (Textomontage: Heiner Müller) und parallell "Prinz von Homburg" *in: Brechts Lehrstücke* (Kulturaktuell), (O vídeo encontra-se disponível, com tradução para o português, na Biblioteca do Instituto Goethe de São Paulo.)]. A proposta para a montagem paralela das duas peças tinha por objetivo contrapor duas formas diferentes de entender a relação entre indivíduo e coletivo. Em Homburg, o príncipe se sujeita espontaneamente às ordens do Estado, renunciando à sua individualidade. A peça apresenta um conceito de Estado que conhece apenas disciplina e ordem como máxima suprema. Já em *Fatzer* a relação com o coletivo se apresenta através do egoísmo radical da personagem.

42 BRECHT: UM JOGO DE APRENDIZAGEM

entanto, não se separar, já que sua única perspectiva era que uma revolta do povo terminasse a guerra insensata e aprovasse a deserção. Sendo quatro, esperavam poder auxiliar a revolta por eles esperada. Durante duas semanas, procuraram, noite após noite, alguma possibilidade de garantirem o abastecimento. Só perto do final da segunda noite, o mais esperto deles, Johann Fatzer, que os havia aconselhado a desertar, conheceu um soldado que lhes prometeu arrumar alimento. Na noite seguinte, os quatro deveriam aparecer, guiados por Fatzer, na estação ferroviária. Embora tudo tivesse sido combinado com detalhes, o empreendimento foi por água abaixo porque Fatzer não apareceu na hora combinada. Intimado a falar, usou desculpas e, quando os outros insistiram, recusou-se a dar qualquer resposta com a observação de que não devia resposta porque era um homem livre. Prometeu no entanto voltar na noite seguinte, o último prazo, já que o trem com os mantimentos partiria no dia seguinte. Mas nessa noite Fatzer tampouco apareceu"[13].

A fábula narrada por Brecht apresenta uma dupla estrutura de conflito. Por um lado, existe o grupo de homens com a realidade que os cerca. Esse grupo se separa dos processos sociais de seu tempo em que a sociedade está envolvida e pelos quais ela se identifica – a guerra (1917-1918) –, buscando sua identidade num microorganismo social autodeterminado. Brecht observa, fazendo uma interpretação:

> Sua odisséia inicia-se com o equívoco do individualista Fatzer que acredita poder interromper individualmente a guerra. Ao se separarem da massa para viver, perderam a vida. Eles não retornam nunca mais ao coletivo[14].

A esse conflito sobrepõe-se o choque dentro do grupo, entre o egoísta Fatzer e os outros três. O conflito termina com o assassinato do egoísta Fatzer pelos companheiros.

A problemática da decisão individual contra a guerra já havia sido tratada por Brecht em *Tambores na Noite*. O conflito de Fatzer – a relação entre o individual e o coletivo – é o tema central das peças didáticas. Ele é retomado em *Vôo de Lindbergh* e na *Peça Didática de Baden-Baden sobre o Acordo*. Reaparece em *Diz-que-Sim/Diz-que-Não*, sendo radicalizada no mesmo ano (1930), em *A Decisão*.

Brecht diferencia entre o *Documento Fatzer* (*Fatzerdokument*) que fornece os textos para a encenação, e o *Comentário Fatzer* (*Fatzerkommentar*), constituído por histórias curtas e textos teóri-

---

13. Arquivo Bertolt Brecht, 109/68, *in:* Steinweg (1976), p. 68.

14. *In:* Steinweg (1976), p. 72.

DRAMATURGIA E ENCENAÇÃO 43

cos. Explicita a função do *Documento Fatzer* em um texto cujo título é *Documento Fatzer como Objeto de Investigação e Aprendizagem*:

> O intuito com o qual um trabalho é realizado não é idêntico àquele com que será utilizado. Assim, o *Documento Fatzer* foi feito principalmente para o aprendizado daquele que escreve. Se mais tarde ele se tornar objeto de ensino, os alunos aprenderão através desse objeto algo totalmente diferente do que aprendeu aquele que escreve. Eu, aquele que escrevo, não devo concluir nada. É suficiente que eu ensine a mim mesmo. Apenas coordeno a investigação, e o meu método, ao fazê-lo, poderá ser examinado pelo espectador[15].

O *Documento Fatzer* significa para Brecht um *Versuch*, um experimento, ao qual dá caráter científico. Experimentador e coordenador da investigação é no primeiro momento o próprio autor. Por "espectador", Brecht entendia provavelmente futuros participantes da peça didática.

Em outro texto, Brecht explicita a função do *Comentário Fatzer*:

> Ao *Documento Fatzer* pertence o *Comentário Fatzer*. O *Comentário Fatzer* contém dois tipos de indicações para os jogadores: as que se referem à representação e as que se referem ao sentido e à aplicação do *Documento*. O estudo das indicações sobre o sentido não é necessário para a compreensão das indicações sobre a representação e, portanto, desnecessário para a representação. O estudo das indicações sobre o sentido é até mesmo perigoso se não preceder o estudo das indicações para a representação. Devem ser lidas portanto primeiro as indicações para o jogo e, somente depois que o estudioso representou o documento, deve iniciar o estudo do sentido de sua aplicação. O estudioso deve imitar (copiar) a representação dos maiores artistas de seu tempo. Esta representação dos maiores artistas de seu tempo há de ser criticada verbalmente e por escrito pelo estudioso, devendo ser imitada tanto tempo até ser modificada por meio de crítica. Propostas para modificações de gestos e entonações precisam ser feitas por escrito; elas não devem interferir nos exercícios. Desta forma, também as indicações do comentário podem ser alteradas a todo momento. Elas estão cheias de erros! Aquilo que constitui uma virtude em nosso tempo não é utilizável no que concerne a outros tempos[16].

Brecht recomenda que as indicações que o *Comentário Fatzer* traz para a compreensão (e aplicação) do *Documento Fatzer* e de seu sentido não devem ser estudadas antes da representação (do

15. *Idem*, p. 73.
16. *Idem*, p. 73.

44 BRECHT: UM JOGO DE APRENDIZAGEM

exercício prático, através da atuação no jogo). Previne que o estudo das indicações sobre o sentido é até mesmo perigoso, se não for precedido da representação. O ensinamento não se processa portanto no plano meramente intelectual, em busca de um "sentido" ou de uma "verdade", que estaria contida enquanto ensinamento no texto. O texto é o móvel para o processo de investigação. O estudioso é convidado a desenvolver uma crítica do *Comentário*, pois este é "cheio de erros" e até mesmo "não utilizável no que concerne a outros tempos".

Ao falar sobre o conteúdo do *Comentário*, Brecht afirma:

> O que contém o *Comentário*:
> Pontos de vista (teorias) necessários à (revolução) e ao Estado coletivista + o caminho até ele.
> Exemplos:
> 1. A pergunta: por que vive o homem? Ela deve ser dirigida a cada um: por que você vive, homem? Ele deve saber responder a pergunta.
> ou
> 2. Como deve ser a pintura? Resposta: copiável por qualquer um, e de forma que a cópia seja útil ao Estado. Portanto o gesto é mais importante do que a expressão, a posição entre os elementos (composição) mais importante do que a centralização do efeito do quadro etc.[17]

O *Comentário* não contém exclusivamente pontos de vista *sobre* o Estado. Ele relaciona pontos de vista para o caminho que leva ao Estado coletivista. Os dois exemplos dados por Brecht – uma determinada forma de perguntar e a pintura – fundamentam essa interpretação.

Brecht entende por "comentário" textos específicos, não a totalidade dos meios teatrais que exercem a função de interromper a ação (como Piscator já havia definido o comentário). Distanciando aquilo que é narrado, aquele que faz o comentário faz com que "gestos possam ser citados". O "pensador" irá assumir gradativamente sua função de comentarista da ação através do coro.

A "peça impossível" representa o longo período de gestação, 1927-1931, durante o qual Brecht elaborou o seu projeto teórico para os *Versuche*. Entre os textos pertencentes ao *Comentário Fatzer* encontram-se reflexões fundamentais para Brecht, na elaboração da teoria da peça didática.

17. *Idem*, p. 74.

DRAMATURGIA E ENCENAÇÃO 45

Apesar do reconhecimento de que a sua teoria do rádio só poderia ter caráter utópico na sociedade capitalista, Brecht fez uma tentativa de realizar o que imaginava, através de uma demonstração. Em conjunto com Ernst Wendt, no âmbito do Festival de Música de Câmera, em Baden-Baden, Brecht utilizou o fórum organizado pelo movimento da juventude, em estreita relação com a pedagogia de vanguarda, para inaugurar a sua seqüência de experimentos com a peça didática.

Vôo de Lindbergh (*Lindberghflug*), com música de Paul Hindemith e Kurt Weill, "uma peça de rádio para rapazes e moças", persegue o objetivo de utilizar o rádio como instrumento pedagógico, lançando mão de um texto poético como objetivo de aprendizagem.

No verso da capa do caderno I dos *Versuche*, Brecht propõe:

Poesia com objetivos de exercício:
A primeira tentativa: *Vôo de Lindbergh*, uma peça didática para o rádio, para rapazes e moças, não a descrição de um vôo sobre o Atlântico, mas sim um empreendimento pedagógico, é ao mesmo tempo uma forma não experimentada até agora de utilização do rádio, nem de longe o mais importante, mas uma entre uma série de tentativas que utilizam a poesia com objetivos de exercício...[18]

Importante é que a intenção pedagógica e a prática didática (exercício) são relacionados com a arte: por objeto de aprendizagem, entenda-se "poesia".

A primeira travessia do Atlântico em um avião, feita por Charles Lindbergh, era, para a consciência dos contemporâneos, uma realização pioneira da técnica moderna. Brecht a interpreta como um trabalho coletivo da humanidade que, com a ajuda dessa invenção, se ergue sobre o domínio da natureza. A peça didática mostra o processo através de um diálogo entre o rádio (que assume os papéis de América, de New York, Europa, um navio, pescadores, forças da natureza) e a figura do coletivo, representada por Lindbergh (aviador). Através do papel do aviador se dá o processo de aprendizagem – ao experimentá-lo, rapazes e moças exercitam uma forma de comportamento que articula a consciência da humanidade moderna e as capacidades adquiridas por meio da técnica. O aviador deve afirmar-se diante da opinião pública, das forças da natureza e de seus limites físicos. O conteúdo

18. *Versuche 1, in:* Steinweg (1976), p. 66.

46 BRECHT: UM JOGO DE APRENDIZAGEM

central do exercício é formado por um texto de comentário subscrito com o título "Ideologia" (2, 575). O comentário propõe a reflexão sobre o fato de haver-se iniciado um "novo tempo" que possibilitará, através do domínio sobre a natureza, uma nova produtividade para o bem do homem. Esse procedimento é entendido como um processo no qual cada fase nova supera aquilo que já foi alcançado e o torna reconhecível como etapa, na luta contra o "primitivo". O avanço técnico é visto em relação ao conceito de revolução da economia dialética. A consciência se modifica ao compreender as forças da natureza como domínio sobre o social, como limitação para a produtividade: nesse sentido, voar é igual a um ateísmo prático, auto-afirmação da humanidade contra as limitações para as suas possibilidades. Diferenças de classe, exploração e ignorância são fundamentais historicamente, podendo portanto ser superadas. Assim o relato sobre o vôo de Lindbergh visa à ação social, tal como aparece formulado na passagem final do texto:

No tempo em que a humanidade
Começava a se conhecer
Construímos veículos com madeira, ferro e vidro
E atravessamos o oceano voando
Com uma velocidade
Três vezes maior que a do furacão
Nossos motores eram mais fortes que nossos cavalos
Há mil anos
Tudo caía de cima para baixo
Com exceção dos pássaros
Nem mesmo nas mais antigas pedras
Encontramos qualquer indício
De que algum homem
Tenha atravessado os ares voando
Mas nós nos erguemos
Por perto do fim do Terceiro Milênio de nossa era
Mostrando que é possível
Sem nos deixar esquecer
Aquilo que ainda não foi atingido
A isto nosso relato é dedicado (2, 584).

É a partir da sua aplicação prática que o texto assume uma configuração estética. Em carta endereçada a Ernst Hardt[19], Bre-

19. Carta endereçada a Ernst Hardt, *in: Alternative* 78/79 Berlim, 1972, p. 118.

DRAMATURGIA E ENCENAÇÃO 47

cht escreve: "(...) poder-se-ia mostrar, ao menos opticamente, como seria possível a participação do ouvinte na arte radiofônica (esta participação considero necessária para a realização. do ato artístico)". Na estréia do Festival de Música em Baden-Baden, esta recepção ativa do espectador foi demonstrada de forma exemplar. Mas é principalmente a partir dos "Esclarecimentos para o *Vôo sobre o Oceano*", escritos em conjunto com Peter Suhrkamp, para a edição do texto em *Obras Completas*, que Brecht reflete sobre a complexidade de seu projeto[20].

Esclarecimentos para *O Vôo sobre o Oceano*

1. O *Vôo sobre o Oceano*, não como prazer, mas como meio de aprendizagem.

O *Vôo sobre o Oceano* não tem valor, se a partir dele não for realizado um aprendizado. Não possui valor artístico que justifique uma encenação, que não tenha por objetivo a aprendizagem. Ele é um OBJETO DE APRENDIZAGEM e se divide em duas partes. A primeira (o canto dos elementos, os coros, os ruídos da água e dos motores etc.) tem a tarefa de possibilitar o exercício, isto é, introduzi-lo e interrompê-lo, o que é realizado da melhor forma por um aparelho. A outra parte PEDAGÓGICA (a do aviador) é o texto para o exercício: aquele que se exercita é o ouvinte de uma das partes do texto e o enunciador da outra parte. Dessa forma, resulta um trabalho conjunto entre o aparelho e os que se exercitam, sendo mais importante a exatidão do que a expressão. O texto deve ser falado e cantado mecanicamente, no final de cada verso deve-se parar, a parte que é ouvida há de ser lida mecanicamente.

DE ACORDO COM OS FUNDAMENTOS: O ESTADO DEVE SER RICO, O HOMEM DEVE SER POBRE, O ESTADO TEM O DEVER DE PODER MUITO, AO HOMEM POUCO É PERMITIDO, O ESTADO DEVE, NO QUE CONCERNE À MÚSICA, PRODUZIR TUDO AQUILO QUE

20. O *Vôo de Lindbergh* foi composto em 1928-1929; a primeira travessia do Atlântico em avião, realizada pelo jovem aviador norte-americano, ocorreu em 1927. A estréia de Baden-Baden é de 1929. Durante a guerra, Lindbergh aderiu ao nazismo. Em dezembro de 1949, o Süddeutscher Rundfunk de Stuttgart solicitou permissão para uma transmissão do texto. Brecht concordou, trocando o título, eliminando o nome de Lindbergh para servir de exemplo e exigindo que a transmissão radiofônica fosse precedida de um prólogo. A tradução e transmissão gráfica do texto aqui reproduzido "Esclarecimentos para o *Vôo sobre o Oceano*" seguiu a sua publicação em *Obras Completas* (*Gesammelte Werk*, 18, pp. 124-127). Este texto foi impresso pela primeira vez nos *Versuche* 1, p. 23, em 1930, e era acrescido de uma nota de Brecht, onde este remetia aos *Versuche* 2, *Histórias do Sr. Keuner*, "Sugestão, Quando a Sugestão Não é Aceita". A mencionada história do Sr. Keuner constava deste caderno. Ela foi suprimida e o nome de Lindbergh foi substituído.

48 BRECHT: UM JOGO DE APRENDIZAGEM

EXIGE APARELHOS ESPECIAIS E CAPACIDADES ESPECÍFICAS EN-
QUANTO O INDIVÍDUO DEVE REALIZAR UM EXERCÍCIO. SENTI-
MENTOS VAGOS PROVOCADOS POR MÚSICA, PENSAMENTOS ESPE-
CIAIS COMO SÃO PENSADOS AO OUVIR MÚSICA, RELAXAMENTO
DO CORPO QUE FACILMENTE OCORRE AO OUVIR MÚSICA SÃO
DISTRAÇÕES DA MÚSICA. PARA EVITAR ESSAS DISTRAÇÕES, CADA
INDIVÍDUO DEVE PARTICIPAR DA MÚSICA, SEGUINDO TAMBÉM
AQUI O PRINCÍPIO: FAZER É MELHOR DO QUE SENTIR, AO ACOM-
PANHAR A MÚSICA NO LIVRO COM OS OLHOS E ACRESCENTAR
PARTES E VOZES CANTANDO-AS PARA SI MESMO OU EM CONJUN-
TO (SALA DE AULA).

2. Não servir o rádio mas transformá-lo.

Para o rádio existente, o *Vôo sobre o Oceano* não deve servir ao uso, mas
ELE DEVE TRANSFORMÁ-LO. A concentração crescente dos meios mecânicos, assim como a crescente especialização na formação – processos que devem
ser apressados – exigem uma reação do ouvinte, sua ativação e sua reintrodução
como produtor.

3. O experimento com o rádio em Baden-Baden.

O aproveitamento do *Vôo sobre o Oceano* e a utilização do rádio em sua
forma transformada foram demonstrados com uma encenação no Festival de
Música em Baden-Baden em 1929. Do lado esquerdo do palco, ficou a orquestra
do rádio com seus aparelhos e cantores, do lado direito, o ouvinte, o qual, com
uma partitura diante de si, fazia a parte pedagógica do aviador. Ele cantava as
notas, acompanhado pelos instrumentos fornecidos pelo rádio. As partes faladas
eram lidas por ele, sem que identificasse os seus próprios sentimentos com o
conteúdo emocional do texto, interrompendo ao final de cada verso, portanto
como um tipo de EXERCÍCIO. Na parte de trás do palco estava a teoria, que
era assim demonstrada.

4. Porque o *Vôo sobre o Oceano* não pode ser utilizado como objeto de
aprendizagem e o rádio pode ser transformado.

Este exercício serve à disciplina, que é o fundamento da liberdade. O indivíduo há de querer o prazer e não um objeto de aprendizagem que não lhe traz
lucro nem vantagens sociais. Exercícios como esse só servem ao indivíduo quando são úteis ao Estado, e eles só serão úteis a um Estado que quer ser útil a todos igualmente. O *Vôo sobre o Oceano* não tem portanto valor estético nem revolucionário independentemente de sua aplicação, que só poderá ser organizada
pelo Estado. Mas sua aplicação correta o torna, ainda assim, a tal ponto "revolucionário" que o Estado vigente não tem interesse em organizar esses exercícios.

5. Encenação com aplicações erradas de concerto.

Pode-se mostrar de que forma a aplicação determina o texto com o seguinte
exemplo: a figura de um herói público no *Vôo sobre o Oceano* poderia ser utilizado para induzir eventuais ouvintes de um CONCERTO MUSICAL[21] a se sepa-

---

21. Brecht utiliza o termo *Konzert*, que traduzo por "concerto musical".

DRAMATURGIA E ENCENAÇÃO 49

rarem do coletivo através da identificação com o herói. Em uma encenação de concerto musical, portanto incorreta, a parte do aviador deve ser cantada por um CORO, para que o sentido do todo não seja totalmente destruído.

O ouvinte deve identificar-se com a parte do aviador, ao realizar ativamente a peça didática, transformando assim a sua consciência. Brecht adverte sobre encenações incorretas, que dão ênfase ao caráter de concerto musical, onde o aviador seja interpretado por um cantor que provoque a identificação do ouvinte, isolando-o dos outros ouvintes. Isso poderia ser evitado, no máximo, quando o papel é interpretado por um coro que canta na primeira pessoa. O eu do ouvinte é um coletivo. O objetivo da aprendizagem tem caráter artístico, exigindo, para sua realização, concentração e esforço. O ouvinte é ativo, mas está preso à sua atividade. Brecht afirma expressamente "esse exercício serve à disciplina, que é o fundamento para a liberdade". O termo "liberdade" aqui não se refere ao individual, mas à liberdade que o coletivo atinge no crescente domínio sobre a natureza e no aumento das possibilidades de produção para a sociedade como um todo. Isso determina uma relação do indivíduo com o Estado, cujo fundamento era projetado na encenação de Baden-Baden em uma tela ao fundo, fornecendo o pressuposto teórico do exercício "O Estado deve ser rico, o homem deve ser pobre, o Estado deve ter a obrigação de poder muito, ao homem deve ser permitido poder pouco". No sentido desse axioma, o Estado deve proporcionar as condições de realização do exercício: através do rádio, produzindo os ruídos, a música e as vozes correspondentes, fornecendo ao ouvinte a partitura que lhe permite assumir o seu papel.

A apresentação em Baden-Baden foi uma demonstração, que equivale à projeção de uma utopia, pois a condição para a teoria do rádio de Brecht é um Estado que esteja organizado em função do coletivo. Por outro lado, a peça didática se revela como "revolucionária" à medida que o Estado vigente não tem interesse em realizar tais exercícios. Esse procedimento foi mais tarde descrito por Brecht como "experimento sociológico".

Na conferência, pronunciada em 1932, sobre "A Radiodifusão como Aparelho de Comunicação" (18, 127-134), a crítica de Brecht se dirige à prática da radiodifusão, onde a mídia é um mero aparelho de distribuição sem uma concepção própria, um mero "comércio acústico". Para o autor, "o rádio (seria) o mais fantástico aparelho de comunicação da vida pública (...) se sou-

50 BRECHT: UM JOGO DE APRENDIZAGEM

besse não apenas enviar mensagens como também recebê-las, fazendo com que o ouvinte não apenas escutasse como também falasse, e não só o isolasse como também o pusesse em ação (...) caso os senhores julguem isso utópico, pediria que pensassem por que é utópico" (18, 130).

Quanto ao campo cultural do programa radiofônico, Brecht também enfatiza a alternância entre recepção e produção. Volta-se contra a literatura, formação e ideologia sem conseqüência, contra um conceito de cultura "segundo o qual a formação da cultura já está concluída e não exige mais esforço criativo" (18, 130). Ao conceito decorativo, "culinário", de cultura, opõe a exigência de intervir na realidade – com o objetivo de transformá-lo. Isso não significa que o ouvinte deva tornar-se produtor de arte, no sentido de possuir competência estética. Trata-se antes de uma recepção modificada que se inicia com a prática (o ouvinte participa da encenação) que, como tal, vai além do campo estético e intervém na realidade.

Através da peça didática, Brecht rompe com a organização teatral estabelecida. Existem outros meios de produção e difusão do trabalho teatral, além do público habitual dos teatros. Por exemplo, as crianças nas escolas, as associações de jovens, os coros operários, muito numerosos na Alemanha, na época. A federação dos corais operários, de orientação social-democrata, congregava, em 1930, mais de catorze mil conjuntos, ou seja, quinhentis e sessenta mil participantes, dos quais setenta por cento eram operários[22]. Brecht esperava "libertar essas manifestações importantes de todas as dependências (...) e confiar a execução de suas peças àqueles (...) que não são nem compradores nem negociantes de arte mas que simplesmente a querem praticar" (17, 1032). Fazia notar ainda que "saber o que se passa na cabeça de quem canta é pelo menos tão importante como saber o que se passa na cabeça de quem escuta" (17, 1032). A arte já não se destinava ao consumo: precisava ser praticada. Tratava-se de fazer e refazer coletivamente o teatro. Através do teatro, Brecht tinha em vista um projeto pedagógico.

O coletivo torna-se o sujeito dramático. Relações entre *individual* e *coletivo*, entre *indivíduo* e *massa*. São estes os temas recorrentes. Brecht descobriu muito cedo o assunto dos novos tem-

---

22. Ernst Schumacher, *Die dramatischen Versuche Bertolt Brechts 1918-1933*, Berlim, Rütten und Loening, 1955.

DRAMATURGIA E ENCENAÇÃO 51

pos – a aniquilação do indivíduo na sociedade de massas. Já o individualismo crasso na figura de Baal estava dialeticamente relacionado com a realidade histórica da perda de personalidade/identidade/autenticidade/individualidade. Na própria descrição sóbria que realiza do novo homem, na peça *Homem é Homem* (*Mann ist Mann*), Brecht tira suas conclusões sobre a relativização da pessoa/do indivíduo. Quando as grandes individualidades perdem seu papel, quando o coletivo se torna o sujeito do processo histórico, uma dramaturgia determinada a lidar com a função social do teatro precisa rever seus meios de produção.

Durante a fase de experimentação dos *Versuche*, Brecht não concebeu suas peças como obras isoladas, mas desde o seu ponto de partida, como elos de uma cadeia. Cada *Versuch* (tentativa) vale por si mesma, mas a ela se opõe uma *Gegenstück* (contrapeça), uma negação, que poderá ser superada através de uma terceira peça. Na cadeia das tentativas com as peças didáticas, escritas antes da emigração, esse procedimento dialético pode ser claramente identificado. Ao mesmo tempo, cada tentativa isolada também é modificada e melhorada em si mesma, de forma que, dentro da grande cadeia, formam-se cadeias menores.

O *Vôo de Lindbergh* trata primariamente do domínio sobre a natureza pelo homem. *A Peça Didática de Baden-Baden sobre o Acordo*, que também estreou simultaneamente, em 1929, retoma *O Vôo sobre o Oceano*. O "Relato sobre Aquilo que Ainda não Foi Alcançado" aparece literalmente logo no início da *Peça Didática sobre o Acordo*, com o título "Relato sobre o Vôo". Ou seja, o resumo da primeira peça didática, *O Vôo sobre o Oceano*, é o ponto de partida para *A Peça Didática sobre o Acordo*. O domínio sobre a natureza não é em si suficiente. Daí a formulação da antítese na *Peça Didática sobre o Acordo* – "O pão não ficou mais barato (por causa da técnica aperfeiçoada e do domínio da natureza). *O Vôo sobre o Oceano* não deve ser lido portanto isoladamente, o que poderia nos levar a concluir haver Brecht assumido uma posição de crença ingênua no progresso técnico.

Na *Peça Didática sobre o Acordo*, quatro aviadores que enfrentaram o mar e as montanhas foram tomados pela "febre da construção das cidades e do petróleo".

> Nossos pensamentos eram máquinas e
> Luta pela velocidade.
> Esquecemos diante das lutas
> Nosso nome e nosso rosto,

E diante da rápida partida,
Esquecemos o objetivo de nossa partida (2, 591).

Caídos, pedem ajuda à multidão que assiste à sua agonia. Ao coro que intervém, perguntando se lhes deve dar água para beber e uma almofada para nela apoiar a cabeça, a multidão, que inicialmente manifestara uma disposição favorável, recusa ajuda diante da questão que lhe é proposta. "Eles ajudaram vocês?"

Os quatro aviadores são postos à prova através do "Exame se o homem ajuda o homem". Os quatro aviadores devem se mostrar dignos de estar vivos. Este é o ponto de partida do processo de aprendizagem – a relação entre o progresso técnico e o desenvolvimento social é submetido ao exame. Enquanto no *Vôo sobre o Oceano* o relato era dedicado "ao inatingível", na *Peça Didática sobre o Acordo* esses termos foram substituídos por "aquilo que ainda não foi atingido". O progresso técnico é incorporado ao processo histórico, que não conhece outro limite além do tempo. No primeiro exame, o coro demonstra as conseqüências de uma apropriação das descobertas, invenções e pesquisas científicas distantes de seu objetivo verdadeiro, que é aliviar e melhorar a vida social dos homens. O domínio da natureza não levou a uma libertação do homem "Enquanto vocês voavam arrastava-se/ um nosso semelhante no chão/ não como um ser humano" (2, 593).

Dois outros exames evidenciam o ensinamento de que o homem não ajuda o homem. Depois que vinte fotografias mostraram "como no nosso tempo homens fazem a carnificina de homens", o número de *clowns* demonstra a relação contraditória entre ajuda e poder. O caráter destrutivo da ajuda é apresentado de forma drástica. Dois *clowns*, Einser (Uno) e Zweier (Secundo), mutilam um gigante doente, o Sr. Schmitt. A bajulação inicial transforma-se em dominação cínica da vítima – ao gigante indefeso são serrados os membros, as orelhas e a cabeça. O processo de aprendizagem mostra: a necessidade de ajuda provoca o poder; o poder determina a situação que torna a ajuda necessária. O processo de aprendizagem é concluído pela "negação de ajuda" – um comentário que tira as hilações político-sociais do princípio abstrato desse exame. "Portanto vocês não devem pedir ajuda, mas eliminar o poder/ Ajuda e poder formam um todo/ E o todo deve ser modificado" (2, 599).

A negação de ajuda expõe o segundo complexo temático do texto, o princípio do *Einverständnis* (estar de acordo). Seu eixo

DRAMATURGIA E ENCENAÇÃO 53

reside em quatro textos de um comentário que visam transmitir uma "instrução", uma "atitude": objetivo da aprendizagem é aprender a morrer. Inicialmente trata-se da relação entre possuir e perder. A renúncia é exercitada didaticamente:

> (Do coro destaca-se o narrador, com um livro. Ele se aproxima dos aviadores e lê passagens do comentário.)
>
> 1. Aquele que arrancar alguma coisa, irá segurar alguma coisa. E aquele a quem alguma coisa foi arrancada, também irá segurar alguma coisa. E aquele que segurar alguma coisa, a esse alguma coisa será arrancada. Aquele de nós que morre, a que renuncia? Não renuncia apenas à sua cama e à sua mesa. Aquele de nós que morre, já o sabe, renuncia ao que existe, mais do que àquilo que tem, está concedendo. Aquele de nós que morre, renuncia à rua que conhece e também à que não conhece. Às riquezas que possui e também às que não possui. À própria pobreza. À sua própria mão.
> Como irá levantar uma pedra aquele que não está treinado? Como irá ele levantar uma grande pedra? Como irá renunciar à sua mesa aquele que não está treinado para a renúncia? Como irá renunciar a tudo, àquilo que tem e ao que não tem? À rua que conhece e também à que não conhece? Às riquezas que possui e também às que não possui? À sua própria pobreza? À sua própria mão?
>
> 2. Quando o pensador foi apanhado por uma grande tempestade, estava sentado em um grande veículo e ocupava muito espaço. Primeiro, desceu do veículo; segundo, tirou o casaco; terceiro, deitou-se no chão. Assim venceu a tempestade na sua menor grandeza.
>
> 3. Para encorajar um homem a morrer, o pensador pediu-lhe que renunciasse a seus bens. Quando havia renunciado a tudo, só lhe restava a vida. Renuncie a mais, disse o pensador.
>
> 4. Quando o pensador venceu a tempestade, ele a venceu porque a conhecia e estava de acordo com ela. Portanto, se quiserem vencer a morte, só a vencerão quando conhecerem a morte e estiverem de acordo com ela. Mas quem tiver o desejo de estar de acordo, se prenderá apenas à pobreza. Não se prende às coisas. As coisas podem ser tiradas e então não haverá mais acordo. Ele também não se prende à vida. A vida lhe será tirada e então não haverá acordo. Ele também não se prende aos pensamentos. Os pensamentos também podem ser tirados e então também aí não haverá acordo (2, 601-602).

Assim como o pensador vence a tempestade na sua menor grandeza, assim também os aviadores devem vencer a morte, renunciando a qualquer pretensão individual. E ao mesmo tempo: quem compreende a transformação da realidade social, quem reconhece suas conseqüências para a identidade individual, declara estar de acordo, assume sua menor grandeza.

A prova de acordo culmina num exame em que os quatro

54 BRECHT: UM JOGO DE APRENDIZAGEM

aviadores, três mecânicos e um piloto, devem renunciar não apenas à vaidade, ao orgulho, como até mesmo à sua identidade, demonstrando que atingiram a "sua menor grandeza" – já não se prendem mais a nada, nem à glória, nem ao nome, nem aos amigos, nem à vida. Triunfam os três mecânicos, quando o coro se dirige a eles:

CORO:	Quem morre, pois, se morrerem?
TRÊS:	Aqueles que foram por demais elogiados.
CORO:	Quem morre, pois, se morrerem?
TRÊS:	Aqueles que apenas se ergueram no chão.
CORO:	Quem morre, pois, se morrerem?
TRÊS:	Aqueles por quem já ninguém espera.
CORO:	Quem morre, pois, se morrerem?
TRÊS:	Ninguém.
CORO	Agora já sabem:
	Ninguém
	Morre, se vocês morrerem
	Agora eles
	atingiram a sua menor grandeza (2, 605).

Apenas o piloto faz questão de afirmar seu nome com orgulho:

Mas eu, ao voar
Atingi a minha maior grandeza
Tão alto quanto voasse, voando mais alto ainda
Ninguém.
Não fui elogiado o suficiente, a mim
Nunca elogiarão o suficiente.
Voei por nada e por ninguém
Voei por voar
Ninguém me espera, eu
Não vôo até vocês, eu
Vôo para longe de vocês, eu
Nunca morrerei (2, 606).

O piloto não venceu a prova, e é condenado. Diz o coro:

Oh homem (...)
Você é demasiado grande, você é demasiado rico
Você é demasiado singular
Por isso não pode morrer
Mas
Quem não pode morrer

DRAMATURGIA E ENCENAÇÃO 55

Também morre
Quem não pode nadar
Também nada (2, 609).

No final, após a morte do piloto, o coro se dirige aos três mecânicos:

Vocês
Estão convidados a marchar conosco e
Conosco transformar não apenas
Uma das leis da terra,
Mas a lei fundamental (...)
Quando tiverem melhorado o mundo
Melhorem o mundo melhorado
Renunciem a ele (...)
Quando melhorando o mundo
Tiverem completado a verdade
Completem a verdade completada
Renunciem a ela (...)
Quando, completando a verdade
Tiverem transformado a humanidade
Transformem a humanidade transformada
Renunciem a ela (...)
Transformando o mundo
Transformem a vocês
Renunciem a vocês mesmos (...) (2, 611-612).

A intenção pedagógica do texto está condicionada a uma realização estética. A peça exige e ensina o princípio de estar de acordo, através das atitudes, ações e gestos que figuram no texto. É somente a cópia produtiva e crítica dos modelos através do jogo que completa o ato artístico coletivo.

Também *Diz-que-Sim/Diz-que-Não* (*Der Jasager und der Neinsager*) retoma o ensinamento sobre estar de acordo:

Importante sobretudo é aprender a estar de acordo
Muitos dizem sim, e no entanto não há acordo
Muitos não são perguntados, e muitos
Estão de acordo com aquilo que está errado. Por isso
Importante sobretudo é aprender a estar de acordo (2, 615).

A primeira versão da peça *Diz-que-Sim* foi escrita por Brecht em 1950, a partir da tradução para o alemão que Elizabeth Hauptmann fizera da tradução de Waley[23] do original japonês.

23. Artur Waley, *The No Plays of Japan*, New York, Grove Press, 1957.

56 BRECHT: UM JOGO DE APRENDIZAGEM

A fábula da peça nô gira em torno de um garoto que decide acompanhar a viagem de peregrinação de seu mestre para orar pela mãe, que está enferma. O garoto não consegue acompanhar a expedição, adoecendo na caminhada e, de acordo com o "grande velho costume", é morto, sendo jogado no despenhadeiro. O coro faz o comentário final, na peça de Zenchiku:

Então os peregrinos prepararam tudo
Lamentando os tristes caminhos do mundo
E sua lei amarga
E o jogaram para baixo
Juntos um com o outro, um pé perto do outro
Na beira do despenhadeiro
E o jogaram para baixo, com os olhos fechados
Nenhum mais culpado do que seu vizinho
E jogaram montes de terra
E pedras[24].

Brecht escreveu duas versões para *Diz-que-Sim*. Na primeira, publicada no caderno dez dos *Versuche*, o motivo para a expedição é uma "pesquisa", ou seja, um estudo com os professores que estão além das montanhas. Quando um deles pergunta ao garoto se quer que lhe "aconteça aquilo que acontece com todos", este responde que sim (conforme o título) – está de acordo com a morte.

Brecht ficou horrorizado com a aceitação de sua peça, principalmente pela Igreja. Walter Dirks[25], por exemplo, louvava a ópera escolar e falava do "princípio ético" com o qual Brecht ter-se-ia confrontado. A busca de "estar de acordo" teria levado o autor a "ouvir a voz de Deus – aquela que deveria ser ouvida e obedecida".

No caderno quatro dos *Versuche* foram registrados excertos de discussões, a partir desta primeira versão de *Diz-que-Sim*, na Escola Karl Marx em Neukölln:

Foi discutida uma versão da peça próxima do original japonês, na qual a viagem era uma viagem de pesquisa (o menino participa dela para buscar remédio e conselho para a mãe) e na qual a morte do garoto se dá a partir de um ve-

24. Peter Szondi, *Der Jasager und der Neinsager. Vorlagen, Fassungen, Materialien*, Frankfurt, Suhrkamp, 1966, p. 18.

25. Walter Dirks, "Die Oper als Predikt. Zu Brechts Lehrstück und zu seiner Schuloper", *in: Rhein Mainische Volkszeitung*, 30-12-1930, *in:* Szondi, Peter (1966), p. 80.

DRAMATURGIA E ENCENAÇÃO

lho costume (o menino está de acordo). As duas versões publicadas nos *Versuche* foram elaboradas com base nestes protocolos[26].

Já na primeira versão, o grande coro conduz o texto, chamando a atenção de que "muitos estão de acordo com aquilo que está errado". É possível que a primeira versão de *Diz-que-Sim* tenha sido escrita com o fito de testar e pesquisar determinadas atitudes. O resultado foi positivo na Escola Karl Marx, em Neukölln, como demonstram os protocolos dos alunos. Eles não "estavam de acordo com aquilo que está errado". Nos *Versuche*, Brecht indica duas possibilidades para avaliar as reações dos alunos: poder-se-ia modificar o começo (*Diz-que-Sim*, segunda versão) ou o final (*Diz-que-Não*). Em nota para as duas soluções, Brecht escreve:

Ópera Escolar

O experimento de número onze: as óperas musicais *Diz-que-Sim* (*Der Jasager*) e *Diz-que-Não* (*Der Neinsager*) com música de Kurt Weill são destinadas a escolas. As duas pequenas peças não devem ser encenadas uma sem a outra[27]

Se entendermos os textos das peças didáticas como dispositivos para experimentos, então elas devem ser suscetíveis de modificações quando novas questões ou pontos de vista são colocados, ou gerados pelo próprio texto. As alterações podem referir-se a pontos específicos ou ampliar questões para além do próprio texto, neste caso poderão surgir novas versões do texto. É dado a estas, no entanto, introduzir outros tantos fatores novos no experimento, e excluir velhos, de forma a serem criadas novas peças didáticas, que tocam apenas em alguns pontos do texto que as precedeu. Assim nasce uma nova "cadeia de experimentos", como diz Brecht, em função da peça didática. Não apenas a reação dos jogadores (grupo), como também as reações conhecidas ou esperadas de um público mais amplo exercem aí um papel fundamental.

A modificação do texto não é restrita ao autor. Brecht afirma com ênfase que o texto (ou, mais precisamente, a parte que ele denomina "comentário" na *Peça Didática sobre o Acordo* ou no *Malvado Baal, o Associal*, por exemplo) pode ser modificado pelos próprios jogadores, depois de experimentado e discutido.

26. Peter Szondi (1966), pp. 59-63.
27. *Idem*, p. 104.

58 BRECHT: UM JOGO DE APRENDIZAGEM

Na segunda versão de *Diz-que-Sim*, o garoto decide acompanhar a viagem de seu professor para buscar remédio do outro lado das montanhas. A cidade está ameaçada por uma epidemia. Segundo o "antigo velho costume", aquele que adoece em uma viagem como essa deve ser jogado no despenhadeiro. Mas quem foi atingido pela sanção do antigo costume deve concordar com ela. O garoto declara estar de acordo com a própria morte, pois do prosseguimento da expedição depende a salvação de toda a população da cidade. Ele é jogado no despenhadeiro, enquanto a expedição segue viagem.

Assim como na *Peça Didática sobre o Acordo* Brecht retoma literalmente uma parte do texto do *Vôo sobre o Oceano*, a nova versão *Diz-que-Não* retoma grande parte do texto de *Diz-que-Sim*. Em *Diz-que-Não*, no entanto, só aparentemente se apresenta um comportamento contrário (o que levaria a uma visão maniqueísta dos opostos). Brecht introduz nesta segunda versão outras variáveis independentes. Até a data da publicação da edição crítica de *Diz-que-Sim/Diz-que-Não*, em 1966, por Peter Szondi, a mudança do pressuposto da expedição não surge claramente explicitada na maioria dos textos críticos sobre a peça. O motivo para a expedição, na versão *Diz-que-Não*, não é mais a ameaça de epidemia que pesa sobre toda a população da cidade, mas sim a "pesquisa", ou seja, um estudo com os professores que se encontram do outro lado das montanhas. A mãe do garoto está doente, e ele quer acompanhar a expedição para buscar remédio e conselho na cidade que fica além das montanhas. Também nessa versão o garoto adoece e os participantes da expedição lhe perguntam se está de acordo em ser atirado ao despenhadeiro. O garoto responde:

Quem diz *a* não precisa dizer *b*. Pode reconhecer que *a* estava errado. Eu queria buscar remédio para minha mãe, mas agora eu mesmo fiquei doente, portanto não é mais possível. E quero voltar imediatamente, diante da nova situação. (...) E no que se refere ao velho costume, não vejo razão nele. Necessito de um novo grande costume, que devemos introduzir imediatamente, o costume de pensar de novo a cada nova situação (2, 629).

O grande coro faz o comentário final:

Assim os amigos levaram o amigo
E fundaram um novo costume
E uma nova lei
E levaram o garoto de volta
Lado a lado caminharam
De encontro à injúria

DRAMATURGIA E ENCENAÇÃO 59

De encontro ao escárnio, de olhos abertos
Nenhum mais covarde que seu vizinho (2, 630).

Este novo costume só é possível, se *a* for corretamente reconhecido, isto é, "estranhado" a partir da razão. No posfácio, Peter Szondi[28] escreve: "Brecht prescreveu que as duas peças não deveriam ser encenadas uma sem a outra, provavelmente porque elas não se excluem uma à outra, mas se completam, na verdade". Somente quando colocadas lado a lado é que o espectador/jogador tem a possibilidade de conferir ao SIM do garoto, no primeiro texto, o peso que realmente merece, enquanto o NÃO em *Diz-que-Não* é fortemente relativizado por este SIM. Ambos os textos se voltam contra a lei do "velho grande costume", que exige uma concordância irrefletida e errada por parte do menino.

Poucas horas antes de sua morte, em conversa com Manfred Wekwerth, Brecht definiu *A Decisão* (*Die Massnahme*), escrita em 1930, como "modelo para o teatro do futuro":

As últimas conversas

(...) Falávamos sobre o teatro do futuro. Como ele seria se (...) prazeres fossem transformados em postos de luta. Perguntei a Brecht, que não gostava de perguntas deste tipo, porque eram à queima-roupa: "Brecht, diga o nome de uma peça que você considera modelos para o teatro do futuro". "À queima-roupa" também veio a resposta: *A Decisão* (...)[29].

Esta avaliação contradiz a recepção crítica da peça – acreditava-se que Brecht havia se distanciado de *A Decisão* porque ela resultara, contra a sua vontade, em tragédia. Brecht proibiu em vida encenações de *A Decisão*, o que torna a opinião manifestada a Wekwerth altamente contraditória e polêmica. Brecht justifica em carta dirigida a Paul Patera (Suécia) a proibição de encenação da peça:

A Decisão não foi escrita para espectadores, mas sim para o ensinamento de atuantes. Encenações diante de um público suscitam, por experiência, nada mais do que afetações morais geralmente de tipo medíocre por parte do público. Por isso há mais tempo não libero a peça para apresentações. A pequena peça *A Exceção e a Regra* é muito mais adequada para ser ensaiada por teatros não-profissionais[30].

28. *Idem*, p. 105.

29. Manfred Wekwerth, *in:* (1973) Steinweg (1976), p. 201.

30. A carta é datada de 21 de abril de 1956, endereçada a Paul Patera (Suécia). Apesar da proibição, Patera encenou a peça invertendo conscientemente as

60   BRECHT: UM JOGO DE APRENDIZAGEM

Em *A Decisão* Brecht utiliza estruturalmente a mesma fábula como em *Diz-que-Sim*. Quatro pessoas mais velhas e um jovem partem em expedição para ajudar outros; a expedição é perigosa, seu sucesso é posto em risco por causa da fraqueza do jovem. Enquanto em *Diz-que-Sim*, ao subestimar sua força física, o menino sucumbe, *A Decisão* trata da execução de um revolucionário por seus camaradas. Entre os homens que chegam à China para preparar a revolta, está um jovem inexperiente – um camarada fraco. Ele comete erros (ter piedade , entre outros). Embora ofereça a alternativa de retornar, a sua presença é imprescindível para a expedição. Comete, então, o erro mais grave: fere a lei da ilegalidade/anonimato; em meio à luta, tira a máscara e se identifica como revolucionário:

> Vi demais. Não vou silenciar por mais tempo. Por que silenciar ainda? Se não sabem que têm amigos, como irão se erguer? Vou à frente deles. Identificando-me, direi a verdade. (Ele tira a máscara e grita.) Viemos ajudá-los. Viemos de Moscou. (Ele rasga a máscara.)

Os três agitadores:

> Olhamos, e no escuro vimos seu rosto nu. Humano, aberto, sincero. Ele havia rasgado a máscara. E das casas, os oprimidos gritavam: Quem incomoda o sono daqueles que estão cansados? (2, 658)

A ação tem duplo significado: ao tirar a máscara o Jovem Camarada não trai apenas seus parceiros: o gesto representa a traição a um modelo de comportamento. A incapacidade do Jovem Camarada para pensar dialeticamente o conduz à situação extrema. Questionado por seus camaradas, concorda em proceder à anulação física de si mesmo – única forma de eliminar seu rastro, que se tornou letal para o movimento. Ele está de acordo com a sua própria morte como a única decisão possível, e seus camaradas o atiram dentro de uma mina de cal: o rastro foi anulado, o erro corrigido, a ação se realiza com êxito. De volta para casa, os camaradas submetem-se ao tribunal do partido. São absolvidos: "Estamos de acordo com vocês". A palavra *Einverständnis* (estar de acordo) ou o adjetivo correspondente aparecem quinze vezes no texto.

---

intenções de Brecht, transformando o conteúdo da peça em anticomunista. *In:* Steinweg (1976), p. 197.

DRAMATURGIA E ENCENAÇÃO 61

Brecht nos dá o seguinte depoimento sobre o seu escrito:

A peça didática *A Decisão* não é uma peça de teatro no sentido usual. É um empreendimento para um coro de massa e quatro atuantes. A parte dos atuantes foi feita, na nossa encenação de hoje, que seria mais um tipo de demonstração, por quatro atores. Mas esta parte pode ser encenada de forma simples e primitiva e tal é justamente o seu objetivo principal.

O conteúdo da peça didática é, em resumo, o seguinte: quatro agitadores comunistas estão diante de um tribunal do partido, representado pelo coro de massa. Eles fizeram propaganda comunista na China e se viram obrigados a matar o seu mais jovem camarada. A fim de provar ao tribunal a necessidade da medida, eles mostram como o Jovem Camarada se comportou durante as diversas situações políticas. Mostram que o Jovem Camarada era sentimentalmente um revolucionário, mas não mantinha disciplina suficiente e utilizava pouco a sua razão, de modo que, sem querer, se tornara um grave perigo para o movimento. O objetivo da peça didática é portanto expor um comportamento político incorreto, ensinando assim o comportamento correto. A apresentação visa pôr em discussão se um empreendimento como esse tem valor de aprendizagem política (17, 1033).

A apresentação de *A Decisão* foi recusada pela direção artística do Festival de Música Nova. Brecht e Eisler (que é autor da música da *Cantata Dramática*) revidaram com uma:

Carta aberta à direção artística
Da Música Nova, Berlim, 1930
Heinrich Burkhard, Paul Hindemith,
Georg Scheunemann

Berlim, 12 de maio de 1930

Os senhores recusaram-se a assumir a responsabilidade pela apresentação de nossa nova peça didática, conforme estava combinado entre nós (...).

Se os senhores querem dar continuidade a empreendimentos tão importantes, onde colocam em debate novas formas de utilização da música, então não podem ficar na dependência financeira de pessoas ou instituições que lhes proíbam, por princípio, as novas formas de utilização por razões outras que as artísticas. Assim como não pode ser tarefa artística dos senhores criticar a polícia, tampouco seria recomendável permitir que justamente a polícia financie os seus empreendimentos artísticos. Os senhores a submetem eventualmente à crítica *a priori* da polícia. Existem tarefas da nova música que o Estado não pode proibir, mas também não pode financiar. Fiquemos satisfeitos que o chefe de polícia não proíba novas apresentações – não convoquemos ainda a orquestra policial (...).

Libertemos esses importantes empreendimentos de todas as dependências e permitamos que sejam realizados por aqueles a quem foram destinados e que são os únicos para quem têm uma aplicação: corais de trabalhadores, grupos

62 BRECHT: UM JOGO DE APRENDIZAGEM

amadores, corais de alunos e orquestras de alunos, portanto àqueles que não são
nem compradores de arte, nem são pagos para fazer arte, mas que querem pra-
ticá-la (...) (17, 1029).

A comissão não se demitiu, e Brecht rompeu com Hindemith. *A Decisão* foi oficialmente recusada, sob a alegação de ter um
texto, sob o ponto de vista formal, de má qualidade. Brecht e Eisler recorreram às sociedades corais de operários, e a peça estreou
a 10 de dezembro de 1930, com direção cênica de Slatan Dudow,
no Grosses Schauspielhaus, a Filarmônica de Berlim, com três
corais operários, dirigidos por Karl Rankl – Berliner Schubert
Chor. Gemischter Chor Gross-Berlin, Gemischter Chor Fichte.

Os agitadores foram desempenhados por Helene Weigel, Ernst Busch, Alexander Granach e Anton Maria Topitz.

Para a estréia, Brecht elaborou um questionário, que foi ane-
xado ao programa:

1. O senhor acredita que um empreendimento como esse tem valor de
aprendizagem política para o espectador?
2. O senhor acredita que um empreendimento como esse tem valor de
aprendizagem para os encenadores (portanto, atuantes e coro)?
3. Contra quais tendências de aprendizagem contidas em *A Decisão* o senhor tem objeções políticas?
4. O senhor acredita que a forma de nosso empreendimento é correta para
o seu objetivo político? O senhor poderia nos sugerir outras formas? (17, 1034)

Com o fito de comparar e avaliar os experimentos (*Versuche*)
individuais, as reações dos participantes precisavam ser "protoco-
ladas". Assim como nos protocolos do *Diz-que-Sim* o objetivo era
avaliar a opinião dominante numa sala de aula, o questionário
que Brecht distribuiu na estréia de *A Decisão* pretendia obter
subsídios para a avaliação desse experimento. Fica clara a intenção de verificar o efeito sobre os encenadores (composto pelo
coro de massa e atuantes). A estréia é definida por Brecht como
uma "espécie de demonstração".

A Decisão é o experimento de número nove e segue, impresso no *Caderno Especial dos Versuche* (*Versuche Sonderheft*), diretamente a *Diz-que-Não*, sendo que o texto corresponde àquele
utilizado na estréia da Filarmônica de Berlim. A terceira versão,
numerada por Brecht como de número doze, apareceu no caderno quatro com algumas modificações. A quarta foi planejada para
uma edição em Moscou pela Sociedade Editorial de Trabalhadores Estrangeiros, VEGAR, em 1936 (esta versão tem apenas três

DRAMATURGIA E ENCENAÇÃO

páginas e não chegou a ser editada). A quinta consta das *Obras Completas*, tendo sido publicada pela primeira vez em Londres, em 1938, e nas *Obras Completas* da Editora Suhrkamp, em 1967.

Os dois principais órgãos do Partido Comunista se manifestaram após a estréia na Filarmônica. No artigo (anônimo) estampado em *Die Rote Fahne* (*Bandeira Vermelha*)[31], aparece um relato sobre as contribuições dos autores durante o debate travado a respeito de *A Decisão*, no dia 20 de dezembro de 1930.

O debate e as respostas ao questionário levaram os autores a efetuar *modificações políticas* (grifo no original) no texto de *A Decisão* (...) *A Decisão* é, na Alemanha, a primeira peça apresentada por corais de trabalhadores com uma tendência: ensinar no sentido marxista-leninista. Isso é alcançado onde a experiência da teoria revolucionária é transmitida (...) mas é insatisfatório onde deve ser introduzida a experiência da prática revolucionária.

Die Linkskurve (*Curva da Esquerda*)[32] afirma que "Brecht não tira seus conhecimentos da prática, mas da teoria abstrata (...) sua análise irreal das premissas o conduziu a uma falsa síntese das conseqüências políticas e artísticas".

Uma das conseqüências concretas da recepção crítica é a inclusão, na terceira versão do texto, da formulação de Otto Biha, escrita para a revista *Linkskurve*. Depois de criticar o posicionamento abstrato de Brecht com relação às experiências e táticas do partido, afirma:

O partido somos nós – eu e você, camarada. Ele luta diante dos olhos do mundo e mesmo na mais severa ilegalidade ainda sob o controle das massas revolucionárias. Esse controle não é mecânico. Ele existe na sua ligação com as necessidades diárias e lutas de massa no seu direcionamento seguro rumo ao objetivo final. A massa reconhece rapidamente os erros e faltas de seus líderes e se defende deles. O partido não é um segredo. É a parte mais avançada e consciente da classe. Suas ações são abertas e compreensíveis, mas para compreender as leis de seu movimento é preciso conhecer, ao lado das obras clássicas de sua teoria, o cotidiano de sua prática.

Brecht introduz, na terceira versão, antes do *Elogio ao Partido*, as seguintes frases que são textualmente retiradas da crítica, na fala do Jovem Camarada:

31. *Die Rote Fahne*, 24 de dezembro de 1930, *in:* Steinweg (1972), *Die Massnahme*, pp. 341-343.

32. *Die Linkskurve*, janeiro de 1931, n. 1, pp. 12-14, *in:* Steinweg (1972), pp. 352-356.

64   BRECHT: UM JOGO DE APRENDIZAGEM

Mas quem é o Partido?
Está sentado em uma casa com telefones?
Seus pensamentos são secretos, suas decisões, desconhecidas?
Quem é ele? (2, 656)

Ao que respondem os três agitadores:

Nós somos ele
Você e eu, e vocês – nós todos.
Ele está na sua vestimenta, camarada, e pensa com a sua cabeça com a sua
cabeça
Onde eu moro, é a sua habitação, e onde você é atacado, ele luta (2, 656).

O Jovem Camarada é convidado a convencer a maioria do coletivo, com argumentos que partem da sua visão da situação:

Mostre-nos o caminho que devemos percorrer
E vamos percorrê-lo com você, mas não percorra
Sem nós o caminho correto.
Sem nós ele é
O mais errado
Não se separe de nós
Podemos errar, e você ter razão
Não se separe de nós
Que o caminho mais curto é melhor que o mais longo
Ninguém nega
Mas se alguém o conhece
E não é capaz de mostrá-lo a nós, de que adianta sua sabedoria
Esteja sabiamente conosco
Não se separe de nós (2, 656).

O Jovem Camarada é incapaz de mostrar esse caminho. A incapacidade de fazê-lo aparece ao examinarmos os modelos de linguagem mediante os quais Brecht compõe o papel do Jovem Camarada. O Jovem Camarada se apresenta por meio de frases que são verdadeiros chavões idealistas e poderiam ser utilizados em quaisquer contextos, inclusive contra-revolucionários: "Meu coração bate pela Revolução/ A visão da injustiça me levou para as fileiras dos combatentes/ Eu sou a favor da liberdade/ Eu acredito na humanidade". Na terceira versão Brecht acrescenta a esta série de enunciados subjetivos e ideológicos a sentença "O homem deve ajudar o homem" (2, 634).

Enquanto na primeira versão o Jovem Camarada tem apenas a incumbência de efetuar propaganda comunista junto aos cules, na terceira deve incitar os carregadores a exigir sapatos com sola

DRAMATURGIA E ENCENAÇÃO 65

de madeira para não escorregar. Na terceira versão, o erro do Jovem Camarada não reside apenas no fato de ele colocar uma pedra para os cules não escorregarem – sua atuação impede que a causa comunista obtenha êxito.

Um dos principais teóricos do movimento comunista alemão, Alfred Kurella, escreve:

> Embora só possamos felicitar Brecht e toda uma série de intelectuais que agora se aproximam de nós através da ponte da compreensão dialética revolucionária e do materialismo (...) isso não modifica nada o fato de se tratar de um *primeiro passo* (grifo no original) e de Brecht e vários outros ainda carregarem consigo muitos restos do universo de idéias burguesas. Uma das formas em que se apresenta a luta entre a ideologia burguesa e a proletária, na cabeça dos intelectuais burgueses vindos para a Revolução, é o surgimento do conflito entre razão e sentimento. Um papel importante aí é o da questão do terrorismo vermelho e da aplicação da pena de morte. Mesmo quando o intelectual já compreendeu mentalmente a correção do pensamento comunista, ainda assim o seu sentimento se volta contra muitas das medidas práticas do partido. *O conflito entre a razão e a emoção é uma experiência fundamental do intelectual burguês que está na iminência de juntar-se ao proletariado revolucionário* (grifo no original). E não é apenas uma experiência fundamental do intelectual burguês. Repete-se com muitos trabalhadores que estiveram distantes do movimento revolucionário e estão sob a influência de idéias burguesas[33].

Kurella e a grande maioria dos críticos de esquerda na época relacionam *A Decisão* com os acontecimentos revolucionários na China e Rússia, de forma naturalista. De fato, *A Decisão* é a única peça didática que não tem uma representação espacial simbólica. Ela se passa na China, no momento histórico em que se deu o conflito. Todas as outras peças didáticas se passam em espaços fantasiosos ou distantes, como em Roma (*Horácios e Curiácios*), China (*Diz-que-Sim/Diz-que-Não*). Mas em *Diz-que-Sim/Diz-que-Não* a China é um país longínquo. Em *A Decisão* trata-se literalmente da China durante a Revolução Chinesa. Mesmo assim, *A Decisão* não é um drama histórico. A realidade da peça não é construída como um espelho estético de acontecimentos reais – o caráter da realidade deve ser estabelecido através do processo de conscientização político, conquistado pelos participantes do experimento. Nas *Observações sobre A Decisão*, Brecht deixa claro que:

---

33. Alfred Kurella, "Ein Versuch mit nicht ganz tauglichen Mitteln" (*Kritik der Massnahme*), in: Steinweg (1972), p. 390.

66 BRECHT: UM JOGO DE APRENDIZAGEM

(...) cada um dos quatro jogadores deve ter a oportunidade de mostrar o comportamento do Jovem Camarada, por isso cada jogador deve fazer uma das quatro cenas principais do Jovem Camarada (...) não cabem tentativas de extrair de *A Decisão* receitas para ações políticas (...) (17, 1032).

(...) para evitar equívocos: das pequenas peças *A Peça Didática de Baden-Baden sobre o Acordo, A Exceção e a Regra, Diz-que-Sim/Diz-que-Não, A Decisão* e *Horácios e Curiácios* são peças didáticas.

Esta designação só é válida para peças onde aqueles que atuam possam fazer a aprendizagem. Elas não necessitam portanto de público.

O dramaturgo sempre recusou encenações de *A Decisão*, pois apenas aquele que representa o Jovem Camarada pode aprender com ela e mesmo ele, desde que tenha representado um dos agitadores e haja também cantado no coro de controle (17, 1034).

Mais de vinte anos depois, voltando ao caráter pedagógico de *A Decisão*, em entrevista a Pierre Abraham, Brecht declara:

– Esta peça não foi escrita para ser lida. Esta peça não foi escrita para ser assistida.
– Para quê então?
– Para o jogo. Para um jogo em grupo. Ela foi escrita não para um público de leitores, nem para o público de espectadores, mas exclusivamente para alguns jovens que queiram se dar ao trabalho de estudá-la. Cada um deles deve passar de um papel ao outro e assumir, sucessivamente, o lugar do acusado, dos acusadores, das testemunhas, dos juízes. Nestas condições, cada um deles irá submeter-se aos exercícios da discussão e terminará por adquirir a noção – a noção prática do que é a dialética.

Este é o diálogo que eu, inesperadamente, como se há de convir, tive com Brecht na primavera de 1956, sobre essa peça. E Brecht acrescentou:

– O senhor faz bem em me falar de *A Decisão*. Isso me lembra que devo escrever, para esta peça e para algumas outras da mesma natureza, um prefácio comum. Aí explicarei o que acabo de lhe dizer, e por que, com que objetivo preciso as escrevi. Assim o leitor ficará prevenido de que não deve procurar nelas tese ou antítese, argumentos a favor ou contra tal ou tal opinião, acusações ou defesas que coloquem em questão as suas maneiras de ver, mas exclusivamente exercícios de agilidade, destinados àquele tipo de atletas do espírito como devem sê-lo os bons dialéticos. O julgamento bem ou mal fundamentado é um outro assunto que apela para elementos que não introduzi naqueles debates.
– Em outros termos, o senhor oferece aí um método de treinamento, um tipo de ginástica preparatória para esportistas cuja musculatura se tornará mais robusta e mais flexível para ser utilizada em suas próprias *performances*? E o se-

DRAMATURGIA E ENCENAÇÃO

nhor não quer se preocupar em saber se para eles se trata de correr, saltar, jogar futebol ou andar de bicicleta?

– Exatamente (...)[34].

A partir do desconhecimento das observações da teoria da peça didática, Brecht foi acusado de ter inventado esta fundamentação para distanciar-se de *A Decisão*, que teria resultado, contra a sua vontade, em "tragédia da ideologia"[35]. Isso quando se pode comprovar que a posição manifestada nas *Observações sobre A Decisão* já fazia parte da teoria e da seqüência dos *Versuche* quando Brecht escreveu as primeiras peças didáticas. É possível mesmo identificar que é este o fundamento sobre o qual construiu a peça didática.

Não cabe falar em "tragédia" ao tratar-se de *A Decisão*. Não se é possível identificar uma colisão substancial de valores absolutos que se excluem. Mesmo a oposição entre sentimento/razão não é absoluta; a razão revolucionária eleva o imediatismo dos sentimentos ao plano mais elevado da reflexão. Radicalismo irrefletido e impaciência levam o Jovem Camarada a assumir formas de comportamento que causam graves danos ao trabalho ilegal. O Jovem Camarada não é um protagonista trágico – é o portador figurativo de um modelo de comportamento. Ele não possui antagonistas. No final da peça, não é o partido que dita o seu julgamento mas sim a realidade. O coro de controle conclui a peça com as palavras:

Seu relato nos mostra o quanto
É necessário para transformar o mundo:
Raiva e afinco, sabedoria e revolta
Intervenção rápida, profundo raciocínio.
Fria tolerância, infinita perseverança.
Compreensão do indivíduo e compreensão do todo:
só ensinados pela realidade, podemos
Transformar a realidade (2, 663).

Brecht manifestou-se várias vezes sobre o alto valor de aprendizagem dos "modelos associais". No texto *Para uma Teoria da Peça Didática* afirma (1938):

---

34. *Europe, Revue Mensuelle* 35, 1957, p. 173, *Alternative* 78/79, p. 131.

35. Reinhold Grimm, "Ideologische Tragödie und Tragödie der Ideologie", *in: Zeitschrift für deutsche Philologie*, 78, 1959, pp. 395-424.

68 BRECHT: UM JOGO DE APRENDIZAGEM

(...) Não é necessário absolutamente que se trate apenas da reprodução de ações e posturas valorizadas socialmente como positivas; também da reprodução de ações e posturas associais pode-se esperar efeito educacional (...) (17, 1024).

O comportamento correto não é representado, como muitas vezes se interpretou, pelos quatro agitadores ou até mesmo pelo partido (coro de controle). O comportamento correto é o resultado da cópia e crítica produtiva realizada através do jogo, pelo atuante, a partir do modelo associal. Em *A Decisão*, o associal é representado pela figura do Jovem Camarada. O partido tampouco é sujeito/objeto do processo de aprendizagem: ele aceita a decisão, mas reconhece:

Não foram vocês que pronunciaram a sentença
Mas sim a realidade (2, 661).

"Estar de acordo" não pode ser equacionado com disciplina partidária. O Jovem Camarada é punido por seus erros. Ele foi morto porque desprezou o perigo do trabalho ilegal, não aprendeu com os erros e colocou em perigo a vida dos agitadores. Não podia fugir porque a polícia o reconheceria. Seus camaradas não poderiam levá-lo para fora da cidade; por isso decidiram matá-lo. O terror e a violência são necessários ao trabalho revolucionário.

Mas o Jovem Camarada não aceita o terror e a violência. Ele não aceita as "ordens do Comitê Central". *A Decisão* não é uma peça de propaganda. A peça didática mostra acordo errado para ensinar o comportamento político correto.

A relação do Jovem Camarada com o Partido Comunista é ideológico. Suas decisões são equacionadas na fala do Jovem Camarada com o emprego de abstrações como *liberdade, revolução, o homem, a humanidade*. Evidencia-se assim a sua consciência relativa. Diz:

Mas eu sei que a sociedade sem classes só poderá vir através da ditadura do proletariado e por isso sou pela realização radical de nossas palavras de ordem.

O "radicalismo" não refletido do Jovem Camarada se evidencia, no decorrer da peça, como uma franqueza perigosa, como "doença infantil", nos termos de Lênin. Não há dúvida de que o pronunciamento de Lênin sobre *O Radicalismo, Doença Infantil do Comunismo*, no III Congresso da Juventude Comunista da Rússia, a 2 de outubro de 1920 (publicada em tradução alemã em 1930), exerceu um papel importante na elaboração do texto. Eis-

DRAMATURGIA E ENCENAÇÃO   69

ler, que, de acordo com seu próprio depoimento, passava algumas horas por dia com Brecht na fase de elaboração, confirma que Brecht e ele já estavam esperando pelo ensaio de Lênin sobre o radicalismo e que a partir dele "haviam começado a pensar de uma forma nova"[36]. É possível encontrar transcrições literais do texto nas falas de *A Decisão*.

Um conceito recorrente nas peças didáticas foi também muitas vezes mal interpretado – a *Auslöschung* (anulação), título da segunda cena de *A Decisão*. Em *Horácios e Curiácios* a noção é utilizada para designar um processo concreto: os "nomes" dos combatentes que morreram devem ser "apagados" ("anulados") de uma lousa. Para evitar o equívoco de tratar-se da anulação de uma pessoa singular, Brecht substituíra na segunda versão o termo "nome" por "fratria" ou "coorte". Mas é essencialmente o mesmo processo, como na segunda cena de *A Decisão*. As palavras *Auslöschung* (anulação) e *auslöschen* (anular) aparecem duas vezes no texto de *A Decisão*, referindo-se ambas as vezes a rosto:

> O rosto que apareceu sob a máscara
> Era diferente daquele que havíamos coberto com a máscara
> E o rosto que a cal vai anular
> É diferente do rosto que nos cumprimentou um dia na fronteira.

Colocar a máscara representa também um sinal para a disponibilidade "de morrer e esconder a morte". E o Diretor da Casa do Partido diz:

> Então vocês não serão mais vocês mesmos
> Mas todos, sem nome e sem mãe,
> Folhas vazias sobre as quais
> A revolução escreve suas instruções (2, 637).

A "anulação" à qual se refere *A Decisão* não é a destruição da personalidade. Isso pode ser demonstrado facilmente através da *Peça Didática de Baden-Baden*. Também a "menor grandeza" ainda é uma grandeza. Só quem como o enorme *clown* deixa que lhe imponham a *menor grandeza sem estar de acordo* perde sua dignidade humana. O *estar de acordo* baseia-se na compreensão. A redução consciente à *menor grandeza* representa, nas lutas sociais, a condição para salvaguardar a pessoa que, através dessa

---

36. Hans Eisler, *in:* Steinweg (1976), p. 112.

70 BRECHT: UM JOGO DE APRENDIZAGEM

redução, adquire uma nova qualidade. Depois que os agitadores colocaram as máscaras e assim renunciaram às suas formas de vida individual, para o tempo que durasse a sua missão. O Diretor da Casa do Partido pôde dizer:

> Então, a partir deste momento vocês não são mais ninguém. A partir deste momento, e talvez até o seu desaparecimento, vocês são operários desconhecidos, combatentes, chineses, nascidos de mães chinesas, de pele amarela, falando apenas chinês, no sonho e no delírio (2, 637).

A estrutura do texto trabalha com vários níveis de estranhamento, que visam garantir o caráter de aprendizagem, ou melhor, que foram desenvolvidos em função da eficácia da aprendizagem. Os acontecimentos são apresentados passo a passo como relatos sobre o acontecido. Resulta daí o jogo dentro do jogo. Os quatro agitadores, que estão fazendo o relato, pedem à Comissão de Controle (coro de controle), que emita seu julgamento sobre a decisão por eles tomada. A peça se transforma em tribunal. Não existem personagens dramáticas no sentido usual. As indicações para a atuação são claramente expressas por Brecht, e o texto é a base para o jogo da troca de papéis. Ele não pode ser medido portanto com critérios tradicionais e foi escrito em função de grupos que podem se exercitar através dele.

As peças didáticas são, assim como o *Processo dos Três Vinténs*, "experimentos sociológicos", na expressão de Brecht. São "sociais", já no plano da realização, através da experimentação dos jogadores entre si, porque desde o início o seu objeto de estudo são as relações entre os homens. Eles se tornam "sociológicos" em relação à realidade social dentro da qual ou a partir da qual são realizados. Foram projetados (assim como o processo do filme dos *Três Vinténs*) como experimentos (*Versuche*), que visam a levar a realidade a se manifestar. Expõem as contradições entre as noções que são propagadas pelas instituições da sociedade estabelecida (como rádio, escolas, associações corais etc.) e a prática dessas instituições. Não podem, nesse sentido, ser desligados do processo de produção. "A socialização dos meios de produção é para a arte, e principalmente para a peça didática, uma questão de sobrevivência" (18, 158). Era evidente que a instituição Música Nova Berlim de 1930, subvencionada pelo Estado, rejeitaria *A Decisão* (aparentemente por ela encomendada), que em oposição às primeiras peças didáticas operava com um vocabulário marxista explícito. O objetivo foi alcançado. A polarização política dentro da instituição havia sido atingida.

DRAMATURGIA E ENCENAÇÃO 71

As frases mais instigantes escritas nos últimos anos sobre o gênero dramático da peça didática vêm da pena de um dramaturgo. "Nada mais me ocorre com respeito à peça didática" – assim justificou Heiner Müller (1978), em carta a Steinweg, sua decisão de não colaborar em um volume sobre o trabalho com a peça didática com alunos, operários e aprendizes:

Adeus à peça didática
Querido Steinweg,

procurei, com irritação crescente, retirar do lodaçal de palavras (lodaçal é versão minha) sobre a peça didática algo útil para terceiros. A tentativa gorou, e nada mais me ocorre com relação à peça didática. Essas histórias não têm endereço. Aquilo que não tem endereço não pode ser encenado. Conheço hoje menos sobre o meu endereço do que em 1977. Hoje as peças são escritas para o teatro e não para o público. Não vou ficar fazendo figa para que surja uma situação revolucionária. Não sou filósofo e não necessito de um fundamento para pensar. Não sou arqueólogo e penso que devemos nos despedir da peça didática até o próximo terremoto. O tempo cristão de *A Decisão* já ecoou, e a história transportou o processo para a rua. Os corais ensaiados já não cantam mais. E o humanismo só aparece em forma de terrorismo. O coquetel Molotov é a última experiência burguesa. O que permanece são textos solitários esperando pela história[37].

Através das peças didáticas de Heiner Müller, o novo tipo de dramaturgia começa a interferir também na história da literatura alemã de pós-guerra. Heiner Müller é provavelmente o mais avançado e radical dramaturgo europeu da atualidade. Nascido em 1929, residiu sempre na República Democrática Alemã – embora possuísse livre trânsito entre os dois lados do Portão de Brandemburgo – "Só porque sou um artigo de exportação" – seus textos refletem a esquizofrenia alemã posterior à Segunda Guerra. "O terror sobre o qual escrevo é a Alemanha." Na *Hamletmaschine*, texto escrito em 1977, faz uma confissão:

37. Heiner Müller, "Absage", in: *Auf Anregung Bertolt Brechts* (Steinweg ed.), 1978, p. 232. Se não quisermos reconhecer na frase de Müller apenas uma frustração, se colocarmos o contexto social que fundamentou sua expressão em primeiro plano, não será demasiado procurar uma justificativa para ela. Quatro anos após a renúncia a trabalhar com a peça didática, Heiner Müller manifestou, em entrevista, sua esperança sobre o teatro em pequenos grupos – como possibilidade de produzir espaços para a fantasia, espaços livres para a fantasia – contra esse imperialismo de ocupação da fantasia e liquidação por clichês prefabricados e modelo da mídia. Serão apenas pequenos grupos que no futuro possibilitarão a experiência estética e serão capazes de formular uma qualidade política – "ilhas de desordem no mar da nossa sociedade capitalista".

BRECHT: UM JOGO DE APRENDIZAGEM

Na solidão dos aeroportos
Eu respiro aliviado. Eu sou
Um privilégio
Protegido por muralhas
Arame farpado prisão[38].

Heiner Müller dá seqüência à série dos experimentos com a peça didática, registrados por Brecht através dos *Versuche*. Escreveu Contrapeças (*Gegenstücke*) aos textos de Brecht. *Mauser* (1970) é uma réplica à *Decisão*, e *O Horácio* (*Der Horatier*) (1968) a *Horácios e Curiácios*. Mais recentemente, fala-se de uma retomada da peça didática por Heiner Müller (após a despedida da peça didática no texto acima), efetuada com a peça *Wolokalomskerchaussee I e II*.

Heiner Müller realiza, através de um conteúdo totalmente novo, de forma exemplar, o modelo da peça didática de Brecht. O gênero dramático inaugurado por Brecht traz assim uma nova contribuição, não apenas na área da teoria do drama e da nova práxis teatral, através da qual representa também uma alternativa séria para a pedagogia, como também inaugura uma tipologia de dramaturgia que se diferencia da dramaturgia tradicional.

Nas *Observações sobre Mauser*, Heiner Müller afirma:

Mauser, escrito em 1970, como terceira peça de uma série experimental, sendo a primeira *Filocteto* (*Philoktet*)e a segunda *O Horácio* (*Der Horatier*), pressupõe/critica a teoria e prática da peça didática de Brecht. *Mauser*, variações a partir de um tema do romance de Cholokhov, *O Don Silencioso*, não é uma peça de repertório; o caso extremo, não objeto mas exemplo, no qual é demonstrada a possibilidade de romper com o contínuo da normalidade; a morte, na qual o teatro de indivíduos se baseia, levando à glorificação na tragédia e à sua suplantação na comédia, é uma função da vida, concebida como produção, um trabalho entre outros, organizado pelo coletivo e organizando-o. *Para que alguma coisa surja, é preciso que alguma coisa desapareça. A primeira configuração da esperança é o medo. A primeira manifestação do novo é o horror* (grifo no original). É possível fazer apresentações diante de um público quando se possibilita ao público controlar a encenação a partir do texto e o texto a partir da encenação, por meio de leitura concomitante ou de partes corais através de um grupo de espectadores e o texto do primeiro ator através de um grupo de espectadores, sendo que aquilo que não deve ser lido concomitantemente deve ser tornado ilegível no livro-texto. A reação do público é controlada pela assincronia entre texto e encenação, não-identidade entre quem fala e quem representa. A distribuição do texto proposta

---

38. *Idem, Teatro de Heiner Müller*. Introdução de Fernando Peixoto. Tradução de Fernando Peixoto e Reinaldo Mestieri, São Paulo, Hucitec, 1987, p. 31.

DRAMATURGIA E ENCENAÇÃO 73

é um esquema variável, o tipo e o grau das variantes, uma decisão política, que variará de caso para caso. Exemplos de variantes possíveis: o coro põe à disposição do primeiro jogador, em determinadas partes do texto, um intérprete do primeiro jogador (A 1); todos os jogadores no coro, sucessiva ou simultaneamente, representam o primeiro jogador. O primeiro jogador encarrega-se de determinadas partes do coro enquanto A 1 o representa. Nenhum jogador pode substituir totalmente o outro. As experiências só podem ser elaboradas coletivamente; o exercício da capacidade (individual) de fazer experiências é uma função da encenação. O segundo papel (B) é representado por um membro do coro, que após o seu assassinato assume novamente o seu lugar no coro. Recursos teatrais só podem ser introduzidos abertamente; adereços, partes de figurino, máscaras, potes de maquiagem etc. devem estar no palco. A cidade de Vitebsk representa todos os lugares onde uma revolução é/foi/será obrigada a matar os seus inimigos[39].

A estrutura da peça didática se constrói a partir da sua própria negação enquanto texto. Ela não objetiva valores literários enquanto obra acabada, mas visa ao processo de conhecimento através do jogo da troca de papéis, "treinando a capacidade individual de fazer experiência". A própria estrutura do texto prevê, já a partir da sua concepção, o estabelecimento de "variantes", ou seja, o grupo que realiza o experimento retoma o processo de criação reescrevendo, negando o texto e elaborando novas versões, com base em "resoluções políticas tomadas caso a caso", de acordo com a situação histórica específica. Nas apresentações públicas o espectador também deve ser participante, estendendo-se o princípio do jogo à platéia, que assume então uma função ativa.

A fábula de *Mauser* tem um conteúdo medonho. A figura central não é apenas um "soldado da revolução". Seu trabalho é "matar os inimigos da revolução na cidade de Vitebsk". O carrasco da revolução deverá ser ele mesmo executado, porque, embotado por seu ofício e enfraquecido pela dúvida (pede sua demissão) – tem matado sem distinção entre culpados e inocentes. Com isso o carrasco pôs em jogo a sua própria vida. A peça inicia-se quando o algoz tem de exprimir o seu *Einverständnis* (acordo) com a sua própria execução:

A revolução não precisa mais de você
Ela precisa da sua morte. Mas antes de dizer
SIM ao NÃO que foi sentenciado contra você

39. *Idem*, p. 21.

74   BRECHT: UM JOGO DE APRENDIZAGEM

Não terminou a sua tarefa.
Diante dos fuzis da revolução, que precisa da sua morte
Aprenda essa última lição. E sua última lição é:
Você, que está aí no paredão, é o seu e o nosso inimigo[40].

A peça termina quando Mauser desiste de resistir ao *Einverständnis*. Sua resistência estabelece uma relação de correspondência entre a sua fraqueza individual, através da qual reclama o direito sobre si mesmo como "propriedade pessoal", contra a reivindicação do coletivo. Este é o processo movido por Mauser contra os seus acusadores. A coerção para matar leva Mauser a revoltar-se contra o papel que lhe foi outorgado. Mas ele é também aniquilado pelo papel de carrasco, humana e fisicamente:

Eu combati na frente da guerra civil
O inimigo não encontrou fraqueza alguma em mim
Vocês não encontraram fraqueza alguma em mim
Agora eu mesmo sou uma fraqueza
Que o inimigo não pode encontrar em nós.
Administrei a morte na cidade de Vitebsk
Sabendo que o pão de cada dia da revolução
É a morte de seus inimigos, sabendo que ainda
Precisamos arrancar a relva para que permaneça o verde
Eu não esqueci isso na terceira manhã
E também não na sétima. Matar e mais matar
Talvez um de cada três não fosse culpado,
Esse que está diante do revólver, de rosto para a pedreira[41].

A peça lembra a grande parábola da *Peça Didática de Baden-Baden sobre o Acordo*: no número dos *clowns*, os membros do gigante indefeso são serrados um a um, até que permaneça apenas o tronco sem cabeça. Esta parábola, transportada para o coletivo revolucionário em *Mauser*, seria: a revoluçaõ também serra este membro mutilado e todos os Mauser antes dele e – o que devemos temer – todos os Mauser depois dele:

Nesta luta que não terá fim
Na cidade de Vitebsk como em outras cidades
Seja com a nossa vitória ou o nosso naufrágio
Cada um de nós executa com duas débeis mãos

40. *Idem*, p. 4.
41. *Idem*, p. 11.

DRAMATURGIA E ENCENAÇÃO

O trabalho de duas mil mãos, mãos destroçadas
Mãos amarradas com cordas e correntes, mãos
Decepadas, mãos em nossa garganta.
Temos mil mãos em nossa garganta
Sem fôlego para perguntar por culpa ou inocência
Cada mão em nossa garganta, de acordo com a origem
Se ela está calejada ou não está calejada
Se é a miséria que a faz baixar em volta do nosso pescoço
Ignorância sobre as raízes da miséria
Ou se é o temor diante da revolução que ela arranca
Junto com as raízes. Como pretende ser diferente de nós
Ou alguém especial, se você consiste numa fraqueza.
Esse que diz eu com a sua boca é um outro e não você.
Antes da revolução vencer definitivamente
Na cidade de Vitebsk como em outras cidades
Você não será propriedade sua. Com a sua mão
Mata a revolução. Com todas as mãos
Com que a revolução mata, mata você também.
A sua fraqueza é a nossa fraqueza.
A sua consciência é a lacuna em seu consciente.
Que é uma lacuna em nossa frente de luta. Quem é você?[42]

A peça tem três papéis. O diálogo se dá entre o coro, de um lado, e os dois narradores de Mauser, de outro. A figura de Mauser é assim desdobrada em ego e *alter ego*, simbolizando também o carrasco e seus seguidores. O coro representa a classe trabalhadora e ao mesmo tempo o partido.

A palavra *Mauser* é sinônimo de um revólver, muito utilizado na Alemanha por mulheres. A peça de Heiner Müller reflete o desenvolvimento histórico do comunismo desde 1930. *Mauser* é também uma reflexão sobre os acontecimentos de Praga, em 1968:

Entre o dedo e o gatilho, o instante
A época era sua e era nossa. Entre a mão e o revólver
O espaço: era o seu posto na frente da batalha da revolução
Mas quando a sua voz e o revólver se tornaram uma única coisa
E você se identificou com o seu trabalho
E já não tinha mais consciência dele
Que precisa ser feito aqui e agora
Para que não mais precisasse ser feito por ninguém
O seu posto foi uma brecha em nossa frente
E para você não havia mais lugar em nossa frente de batalha

42.. *Idem*, p. 12.

76 BRECHT: UM JOGO DE APRENDIZAGEM

> Terrível é o hábito, mortal ou vulgar
> Com muitas raízes habita em nós o passado
> Que precisa ser arrancado com as raízes todas
> Em nossa fraqueza ressuscitam os mortos
> Que sempre de novo precisam ser enterrados
> Nós mesmos precisamos renunciar cada qual a si próprio
> Mas não devemos renunciar uns aos outros.
> Você é aquele um e você é aquele outro
> Aquele que você dilacerou sob a sua bota
> Aquele que o dilacerou sob a sua bota
> Você renunciou a si, um ao outro
> Mas a revolução não renuncia a você. Aprenda a morrer.
> O que você aprender aumentará a nossa experiência.
> Morra aprendendo. Não renuncie à revolução[43]

Mauser se recusa a morrer. Ele não aceita a sua execução. "Minha vida pertence a mim." Mas o coro é intransigente "O Nada é a sua propriedade".

Nas peças didáticas de Brecht há sempre uma pessoa que se distancia do coletivo e volta para ele, a partir de experiências negativas mas úteis para o seu aprendizado. Esse retorno é dramaturgicamente a "solução do conflito", sendo o campo de aprendizagem delimitado dessa forma para os jogadores. Objetivo da aprendizagem é demonstrar que o coletivo revolucionário necessita de cada um, mesmo daquele que se distancia temporariamente.

Em *Mauser* não existe mais a possibilidade de corrigir o erro. Aqueles que foram assassinados estão mortos. Tampouco existe a revisão da pena de morte. O adiamento da execução é o tempo da argumentação, durante a qual é feita apenas uma reflexão sobre o julgamento – depois a execução é consumada.

Não há mais *Einverständnis* (acordo) possível. Não mais ocorre a volta do camarada fraco para o seio do coletivo. No final da peça, Mauser dá a ordem para a sua própria execução. "O que vem depois da morte?", pergunta ainda:

> (...) e já levantava do chão
> Não mais gritando, e nós lhe respondemos:
> Você sabe o que nós sabemos, nós sabemos o que você sabe.
> E a sua pergunta não ajuda a revolução.
> Se a vida for uma resposta, talvez ela possa
> Ser permitida. Mas a revolução precisa

---

43. *Idem*, p. 19.

DRAMATURGIA E ENCENAÇÃO 77

Do seu SIM à sua morte. E ele não mais perguntou
Mas foi até o paredão e deu a voz de comando
Sabendo que o pão de cada dia da revolução
É a morte de seus inimigos, sabendo que ainda
Precisamos arrancar a relva para que o verde permaneça[44].

E a fala do *alter ego* de Mauser ecoa de forma sinistra. "Morte aos inimigos da revolução." A contradição entre o desacordo de Mauser com sua execução e o fato de ser ele mesmo quem dá a ordem final permanece. Não existe mais em Mauser um tribunal real. Não existe coro de controle, nem qualquer instância superior que represente a razão coletiva. O próprio Mauser é o coletivo, assim como o são aqueles que estão julgando. As fraquezas de Mauser são aquelas do coletivo e vice-versa. Entre os "antagonistas" existe uma relação de correspondência. O caso judicial foi concluído com o ritual de sacrifício. Mas o caso político não se encerrou. Mauser pede várias vezes ajuda e esclarecimento. Recebe três vezes a resposta formal "Seu trabalho deve ser realizado como qualquer trabalho". A peça termina. Mas a pergunta mais urgente de Mauser, o questionamento sobre o valor social de seu trabalho como carrasco da revolução, permanece sem resposta. A solução dada pelas armas, o encerramento do tribunal deixa a questão em aberto.

O paralelismo com o final de *A Decisão* é evidente. Mas na peça de Brecht os "portadores do saber" (coro de controle) ainda eram idênticos à experiência revolucionária. Dizem aos agitadores, no final de seu relato:

Seu trabalho foi feliz
Divulgaram
Os ensinamentos dos clássicos
E o á-bê-cê do comunismo
Aos ignorantes ensinamentos sobre a sua situação
Aos oprimidos a consciência de classe
Aos conscientizados a experiência da revolução
Ali também a revolução está em marcha
E as fileiras de combate estão organizadas
Estamos de acordo com vocês (...) (2, 662).

Brecht escrevia para um Estado de futuro. O campo de aprendizagem estava delimitado em função da Causa Revolu-

---

44. *Idem*, p. 17.

cionária, a esperança que justificava o uso de todos os meios. O Jovem Camarada dá o seu *Einverständnis*, reconhecendo que "sempre agiu erradamente". Essa interpretação não deve levar à eliminação da contradição, presente no texto de Brecht e radicalizada por Heiner Müller. Aliás, o próprio Brecht valida a contradição, ao proibir apresentações públicas, ao dizer, por exemplo, muitos anos após haver escrito a peça, que "somente aquele que representa o Jovem Camarada pode aprender alguma coisa" (17, 1034), e ao querer que o jogo da troca de papéis não seja limitado a essa figura. A proibição de apresentações públicas de *A Decisão* durante os últimos anos de vida de Brecht terá talvez na falta de dialetização do coletivo uma razão mais profunda.

Em *Mauser* o aprendizado não é mais proposto mediante um campo delimitado para a imitação. O "modelo de ação" (texto) se propõe enquanto antimodelo. Os jogadores passam de aprendizes a participantes do processo histórico. O objeto de aprendizagem torna-se a organização do processo histórico em que se encontram; a reflexão conduz a uma avaliação das condições existentes e das inexistentes. Assim, a peça didática de Müller questiona o caráter modelar do texto – uma das premissas da teoria da peça didática:

(...) a peça didática baseia-se na expectativa de que o atuante possa ser influenciado socialmente, realizando determinadas formas de agir, assumindo determinadas posturas, reproduzindo determinadas falas (...) (17, 1024).

Esse questionamento radical no plano dramatúrgico coloca também uma nova posição para o enfoque pedagógico. Aos sobreviventes cabe retomar o rastro do carrasco: matar não é matar. Sua execução deve ser tornada produtiva – "morra aprendendo", é o apelo que o coletivo dirige a Mauser. As normas do comportamento correto deixaram de existir. Se, em Brecht, o modelo associal já representa uma ruptura que aponta o princípio dialético, reintegrando os opostos (bem/mal, certo/errado, sim/não) através da crença no processo histórico, em Heiner Müller resta o grande pânico diante da história. A partir desse ângulo é possível discutir a carta de despedida à peça didática (dirigida a Steinweg), entendida agora como negação da *Teoria da Pedagogia*, ainda intimamente ligada ao otimismo racionalista.

Um outro experimento realizado por Heiner Müller com a peça didática é o texto *O Horácio*, que responde a *Horácios e Curiácios* de Brecht.

DRAMATURGIA E ENCENAÇÃO 79

Denominada por Brecht no caderno quatorze de *Versuche*[45] de *Peça Didática sobre Dialética para Crianças*, o texto, escrito em 1934, pertence ao experimento de número vinte e quatro, que se ocupa principalmente de "peças para escolas". O mesmo experimento compreende também *A Exceção e a Regra*, segundo Brecht. Na edição das *Obras Completas* da Suhrkamp, *Horácios e Curiácios* traz como subtítulo *Peça Escolar*. Brecht diferencia entre "peça didática" no sentido amplo (que abrange peças didáticas escritas para corais operários, como *A Decisão* , e peças didáticas para o rádio, como *Vôo sobre o Oceano*) e "peça escolar". Nesta última categoria figuram, ao lado de *Horácios e Curiácios, A Exceção e a Regra* e *Diz-que-Sim/Diz-que-Não*, cujo subtítulo é *Ópera Escolar*.

A música de Kurt Schwän foi composta em 1955 pouco tempo antes da morte de Brecht, embora no projeto original a música devesse ser de autoria de Eisler (1935). Nas indicações para os jogadores, Brecht afirma que "pode-se prescindir da música e utilizar apenas tambores. Os tambores poderão exercer um efeito monótono, mas apenas por pouco tempo" (17, 1098).

Para os cenários das peças didáticas são necessários apenas objetos que estejam à mão em escolas ou salões comunitários. As "indicações cênicas" formuladas para *Horácios e Curiácios* foram concebidas para apresentações e procuram oferecer diretrizes para a elaboração que, eliminando o decorativo e artificial, buscam o essencial com um mínimo de recursos. A peça pode ser realizada com algumas mesas, cadeiras e dois quadros-negros. No caso de apresentações públicas, Brecht propõe uma relação entre palco e platéia que visa incorporar os espectadores à ação (ao menos visualmente). "A paisagem é fixada no chão do palco. Tanto os jogadores como os espectadores vêem o desenho do rio ou do vale" (3, 1070). Mesmo quando sobre o palco inclinado é construído "um cenário com o campo de luta, florestas à altura dos joelhos, colinas etc.", os espectadores não lograriam a mesma perspectiva que os jogadores, se não ficassem em pé, de forma semelhante ao público de uma partida de futebol de várzea. Um desenho com giz no chão pode substituir o palco inclinado, que pressupõe recursos de produção.

Brecht utiliza o termo *Spielgerüst* (andaime) para designar os outros elementos do cenário. Na cena "Os Sete Usos da Lança",

45. *Versuche* 14, p. 120.

80 BRECHT: UM JOGO DE APRENDIZAGEM

os obstáculos (fenda na rocha, tempestade de neve etc.) podem ser indicados por meio de pequenas tabuletas no *Spielgerüst* nu – palco vazado. Tudo o que é artificial precisa ser eliminado, o material utilizado deve aparecer na sua qualidade original (por exemplo, cadeiras e mesas hão de ser reconhecidas como tais). O caráter de jogo da apresentação deve estar presente e ser consciente a todo momento.

O cenário também tem a função de auxiliar na fixação dos movimentos. A realização *lenta* de *gestos largos* corresponde à preocupação de fixação de gestos, que constituem o principal meio de aprendizagem na peça didática. Também as posições dos passos precisam ser fixados: "os jogadores pisam, por assim dizer, sobre pegadas". O esboço da paisagem, relevo desenhado no chão, permite uma identificação mais clara das posições de jogo.

Ao falar sobre *Os Efeitos de Estranhamento na Arte de Interpretação Chinesa* (16, 631), Brecht indica que "o teatro chinês utiliza uma quantidade de símbolos. Um general usa sobre os ombros pequenas bandeirinhas, cujo número corresponde aos regimentos que comanda. A miséria é indicada através de pedaços irregulares de pano que estão costurados sobre a sua vestimento de seda, com o significado de retalhos" (16, 619). Nas indicações cênicas para *Horácios e Curiácios*

os comandantes de exército representam ao mesmo tempo os seus exércitos. De acordo com um costume no teatro chinês, os destacamentos podem ser indicados por pequenas bandeiras, que os comandantes de exército carregam sobre um remate de madeira na nuca. Ele é mais largo do que os ombros. (...) Os jogadores apontam para a destruição de seu destacamento, retirando com um gesto largo certa quantidade de bandeirinhas do remate e jogando-as fora (3, 1070).

A partir dessas indicações é permitido estabelecer algumas regras gerais. Os adereços têm, na peça didática, caráter de signos; os signos são selecionados ao acaso, mas constituem um indício característico daquilo que representam. O signo representa todo um complexo de objetos ou relações. Usam-se apenas aqueles adereços que classificam a representação de processos ou situações – não devem servir à caracterização de pessoas singulares. Também os adereços precisam servir ao desenrolar da ação. Em *Horácios e Curiácios*, além do remate sobre os ombros, enumeram-se lanças, espadas, escudos, um refletor portátil, alguns punhados de papel picado (para indicar a tempestade de neve).

Brecht utiliza em *Horácios e Curiácios* títulos para as cenas (como no teatro épico). "Os títulos devem ser projetados ou de-

DRAMATURGIA E ENCENAÇÃO 81

senhados em diapositivos. A diferença em face do teatro épico reside no fato de que os títulos "não têm caráter histórico ou sócio-político" (16, 606). Servem apenas à marcação e diferenciação visual entre as várias cenas.

A peça foi escrita a partir de dados históricos sobre a formação de Roma (século VII a.C.). Reporta-se a uma guerra entre os Horácios e os Curiácios latinos, ocorrida na cidade de Alba, onde um guerreiro Horácio obteve a vitória através de um duelo no qual usou astúcia.

A comprovação de que Brecht identificava os Curiácios com a Alemanha fascista e os Horácios com a Rússia invadida pode ser verificada em *Me-ti, o Livro das Mutações* (*Me-ti, Das Buch der Wendungen*), escrito no exílio na Dinamarca, onde um pequeno trecho resume a parábola da peça:

MODIFICAR OS MEIOS

Me-ti contou: viram-se três homens de Su lutando com três de Ga. Após uma luta demorada, dois de Su foram mortos: entre os de Ga, um estava gravemente ferido e o outro, apenas levemente. Então o único sobrevivente de Su fugiu. A derrota de Su parecia completa. Mas então se verificou de repente que a fuga do homem de Su havia modificado tudo. Seu inimigo de Ga o perseguia, sozinho, já que seus compatriotas estavam feridos. Ele foi, no entanto, morto pelo homem de Su. Logo depois o homem de Su voltou e matou, sem muito esforço, ambos os adversários feridos. Ele havia compreendido que a fuga não é apenas um sinal de derrota, mas também pode ser um meio de vitória.

E Me-ti ainda acrescentou: também por isso deve-se chamar o homem de Su de dialético – porque reconheceu que o inimigo não era um inimigo indivisível. Todos os três ainda podiam lutar, mas um ainda estava em condições de correr. Talvez se diga melhor: o inimigo ainda podia lutar como um todo, mas só podia correr como um terço. Este reconhecimento possibilitou a separação (12, 471).

Hoje, a parábola de Brecht pode ainda referir-se a qualquer guerra onde um Estado forte invade um Estado fraco, levando à guerra de guerrilha. Não só a invasão da Rússia pela Alemanha, como, mais recentemente, a invasão do Vietnã pelos Estados Unidos são paradigmáticas.

Um depoimento prestado por Ilot Kilian[46] relata a preocupação de Brecht, em 1955, em elaborar a música de *Horácios e Curiácios* com Kurt Schwän. Brecht tinha em vista uma apresen-

---

46. "Lehrstücke in der Praxis", Ilot Kilian im Gespräch mit Ludwig Luschesi, *in: Arbeitshefte*, Berlim, Akademie der Künste der DDR, 1979, p. 126.

82 BRECHT: UM JOGO DE APRENDIZAGEM

tação a ser realizada com crianças e que seria mostrada no Berliner Ensemble (Brecht não viu a estréia da peça em vida). No seu depoimento, Kurt Schwän[47] disse: "Quando conversei com Brecht sobre a peça, ele defendia o princípio de que as crianças não deveriam ter mais do que treze anos para fazer essa peça".

O exército Horácio e o exército Curiácio se organizam, três combatentes de cada lado, cada um representando um regimento de combate: arqueiros, lanceiros, espadachins. Os coros (pela primeira vez desdobrados em antagonistas na dramaturgia de Brecht) são formados pelo coro dos Horácios, o dos Curiácios, o das mulheres Horácias e o das mulheres Curiácias.

Os Curiácios decidem interromper a guerra civil dentro das próprias fronteiras – invadindo o país dos Horácios "até a sua total submissão e apropriação de todas as suas propriedades acima e abaixo da terra".

A primeira cena representa a entrega das armas, sendo que os Curiácios possuem armas mais potentes e em maior número, enquanto os Horácios, apesar de dispô-las em menor número, têm a seu favor a capacidade de trabalho artesanal e conhecimento do terreno. O espadachim Horácio, ao receber o seu escudo, diz:

> Estou contente com o escudo. Com ele
> Tenho mobilidade. E este escudo, eu o conheço
> Fui eu mesmo quem o forjou. É o melhor
> Que pude fazer (3, 1047).

A superioridade moral dos Horácios faz com que a cada cena se espere pela sua vitória. Mas todas terminam com pesadas perdas para eles. A ação conduz a uma quase catástrofe.

A estrutura do texto é formada pelas três batalhas que se sucedem: a dos arqueiros, a dos lanceiros e a dos espadachins. Durante a ação, todas as possibilidades bélicas são discutidas.

Na batalha dos arqueiros, o arqueiro Horácio, consciente da sua inferioridade bélica, utiliza a seu favor o conhecimento que tem da natureza:

> Ontem à noite
> O inimigo assumiu a posição

---

47. *Idem*, Schwän, Kurt, "Die Horatier und die Kuriatier – Ein Lehrstück an Berliner Schulen".

DRAMATURGIA E ENCENAÇÃO

Que eu lhe preparava
Eu a determinei de tal forma, que ele
Terá que aparecer por detrás daquela montanha
Para deparar comigo
Desta forma a distância entre nós é pequena
Como necessito, por causa do meu arco
Agora espero, até que o sol se ponha. Ele deve
Agir a meu favor (3, 1048).

No transcorrer da cena, a posição do sol é indicada por um projetor, pendurado em uma vara, que representa o sol (tempo) e atravessa lentamente o palco. O ator que representa o sol leva o mesmo tempo, da direita para esquerda, que o da duração da batalha. Pelo fato de não ter calculado o terreno, o arqueiro Curiácio é atingido no joelho. No entanto, o arqueiro Horácio manteve-se na mesma posição, esquecendo que, se ela era estratégica ao meio-dia, não permaneceria assim. A luz do sol já não ofusca mais o inimigo Curiácio que atira seu último arco, atingindo o inimigo. O coro faz o comentário:

Ele se prendeu a um lugar
Ele se prendeu a uma arma
E ele se prendeu
A um conselho. Mas
O sol caminha no céu. E
O meio-dia surgiu da manhã e a noite do meio-dia (3, 1053).

Na batalha dos lanceiros, o lanceiro Horácio reconhece que seria impossível enfrentar o inimigo em campo aberto. Utilizando o conhecimento que tem do terreno, empreende uma longa marcha nas montanhas, à procura do lugar onde elas se aproximam da estrada. Durante essa batalha, o lanceiro Horácio demonstra os sete usos que faz da lança (título da cena):

Escalo a montanha. A lança
É meu escudo. Ela é meu terceiro pé
Aquele que não dói
Aquele que não se cansa
Há muitos objetos em um só objeto.

Parado diante da fenda da rocha, pergunta:

Mas como continuar? Ali há uma fenda na rocha.
Quando menino, eu me pendurava em um galho
E chegava ao jardim, onde havia maçãs

Atravessando o riacho
Minha lança, que foi um dia
Galho de árvore, voltará a sê-lo
Assim atravesso a fenda
Há muitos objetos em um só objeto (3, 1055).

O inimigo está invadindo os vales. É necessário detê-lo.

Mas como continuar? Atravessei a fenda na rocha
Mas ali há uma tempestade de neve
Como posso atravessá-la?
Minha lança será minha sonda
Há muitos objetos em um só objeto (3, 1055).

Ele consegue transpor a tempestade de neve.

Mas como continuar? A neve é funda
Demais para mim. E o outro lado da rocha
É mais alto do que posso saltar. Vejo
Novamente a minha lança
E digo: ela será minha escora
Há muitos objetos em um só objeto (3, 1055).

Ele realiza um salto à distância. Mas o inimigo se aproxima.

Mas como continuar? Ali há um abismo.
Ele é mais estreito do que o meu pé. Todo esforço
Foi em vão, se o abismo me detiver
Devo percorrê-lo. Com minha lança
Mantenho o equilíbrio. Seu peso, que na subida
Era muitas vezes demasiado
Agora é útil, e digo
Há muitos objetos em um só objeto (3, 1056).

Ele atravessa o abismo usando a lança como contrapeso.
Chegando ao seu destino, onde as montanhas se aproximam da
estrada, espera pela vinda do inimigo – que será esmagado com
um bloco de pedra:

Com minha lança posso soltar a rocha
Há muitos objetos em um só objeto
Minha lança é minha alavanca.

Ele segura a rocha, até que o inimigo passe lá embaixo.

Com uma leve pressão de meu dedo
Vou massacrar o inimigo.

DRAMATURGIA E ENCENAÇÃO 85

Minha lança me ajudou
Há muitos objetos em um só objeto (3, 1056).

Ele constrói uma pequena alavanca. Mas, cansado da caminhada, senta-se para esperar o inimigo e adormece. Enquanto o Horácio dorme, o Curiácio atravessa a passagem perigosa. O coro faz o comentário:

Sete esforços de nada valerão
Se não detiver o inimigo (3, 1058).

O Horácio se vê obrigado a fazer o caminho de volta, transpondo agora, na ordem inversa, todos os obstáculos. A cena é inspirada no ensaio de Lenin sobre a dificuldade de escalar montanhas altas.

Pensemos em um homem que quer subir uma montanha muito alta e íngreme que ainda não foi explorada. Suponhamos que conseguiu, depois de vencer grandes dificuldades e perigos, subir mais alto do que seus predecessores, mas que ainda não tenha alcançado o cume. Ele se encontrava em uma posição onde movimentar-se para diante, na direção escolhida, não era apenas difícil e perigoso mas simplesmente impossível. Ele precisou voltar, descer e procurar novos caminhos que, embora talvez mais monótonos, ofereciam a possibilidade de atingir o cume. A descida desta altura nunca antes galgada, na qual se encontrava o caminhante por nós imaginado, contém no entanto maiores perigos e dificuldades do que a subida. É mais fácil escorregar na descida, é mais difícil, na descida, observar os lugares onde se coloca o pé. Na descida não reina mais o bom humor que havia no movimento para cima, com vista ao objetivo. É preciso amarrar uma corda, perde-se muito tempo em prendê-la com segurança. É preciso movimentar-se com a lentidão de uma tartaruga e assim descer sempre, cada vez mais longe do objetivo e sem ver se essa descida perigosa e penosa vai terminar com a descoberta de um atalho através do qual será possível alcançar o objetivo, o cume, novamente com segurança e rapidez[48].

Como a sua lança é pequena demais para enfrentar o inimigo, o lanceiro Horácio decide parti-la em dois. Na cena da "Cavalgada sobre o Rio", o lanceiro Curiácio vem marchando pelo vale do rio. De um lado está a parede da montanha, de outro, o rio. A montanha não pode ser escalada e o rio não pode ser navegado, pois logo abaixo há uma cachoeira mortal. E pela frente não pode ser atacado, pois a sua lança é tão comprida que o ini-

---

48. *Idem* (Lenin Werke Bd. 33, Berlim), 1973, *in:* Brennecke Dietrich "Die Horatier und die Kuriatier als Beispiel interdisciplinärer Arbeit", p. 135.

BRECHT: UM JOGO DE APRENDIZAGEM

migo não o alcançará com a sua. Descendo o rio vem o lanceiro Horácio que construiu uma balsa. Para guiar, utiliza seu toco de lança:

> Minha lança é meu remo
> Há muitos objetos em um só objeto
> E agora, quando me aproximo de meu inimigo
> Ela volta a ser lança novamente e
> Com ela eu ataco (3, 1060).

Ao passar pelo inimigo, auxiliado pela força da correnteza, enfia-lhe no corpo o toco da lança. O inimigo foi vencido. Mas a cachoeira vai tragar o lanceiro Horácio. Ele esquecera que o rio só era navegável com risco de vida. Quatro fratrias são apagadas do quadro-negro, indicando a perda dos regimentos. A mulher do lanceiro Horácio veste os trajes de viúva. E o comentário do coro diz:

> Ele não matou o inimigo. Mas deixou para os que lutavam
> Um inimigo enfraquecido.

Na terceira batalha, o espadachim Horácio, diante da evidente supremacia numérica e potência bélica do inimigo, decide-se pela fuga. Os três regimentos dos Curiácios iniciam a perseguição. Mas não conseguem movimentar-se com rapidez. O lanceiro, que estava ferido, fica para trás. O arqueiro, levemente ferido, consegue ultrapassá-lo, mas também fica para trás. O espadachim Horácio, cujo escudo é leve, consegue correr bem, enquanto o escudo do espadachim Curiácio, pesado demais, o atrapalha. Durante a perseguição, os perseguidores se dividiram, o que é usado taticamente pelo espadachim Horácio para um novo ataque. Ele subjuga o arqueiro e o lanceiro Curiácio. O comentário do coro:

> A fuga era um ataque.

Em anotação no *Arbeitsjournal*, em 16 de janeiro de 1941, Brecht escreve:

(...) na verdade falta um capítulo final. Os Horácios vencem militarmente, mas os Curiácios sofrem uma revolução e lutam com novos meios, de forma que uma verdadeira paz se torne possível, com a qual os dois povos estão de acordo.

Na oposição entre Horácios e Curiácios evidencia-se a sim-

DRAMATURGIA E ENCENAÇÃO 87

patia do autor pelos Horácios, povo que possui o sentido do coletivo. Isso é aprofundado em cada ação e fundamentado a partir dela através dos comentários dos coros. À exposição clara soma-se a exigência de um jogo de cena que conduza à solução necessária. No seu desenrolar, no entanto, a peça oferece várias oportunidades para discutir e resumir o acontecido. Nos projetos para a peça estavam previstas até mesmo diálogos entre o coro e a platéia:

(*após a luta dos lanceiros*)

ESPECTADOR: Então decide apenas a astúcia?

JOGADOR: Não. Há pouco decidiu a arma. Mas por meio da astúcia, aquele que está menos armado consegue enfraquecer o adversário.

ESPECTADOR: Então não decide apenas a máquina?

JOGADOR: Também o Horácio construiu uma máquina
Com o rio e a balsa
E ele construiu a partir de uma ponta de lança
Um imenso projétil

(*após a luta dos arqueiros*)

JOGADOR: O que vocês viram?

ESPECTADOR: Nós vimos (que) o bom lutador
Utiliza o ambiente em movimento
Ele calcula com antecedência, quando cairá a sombra
Como uma grande máquina
Ele utiliza a inteligência e o ambiente em movimento[49].

Os jogadores formulam perguntas à platéia após as várias ações, e os espectadores têm oportunidade de interferir. Dado o objetivo ensinar/aprender, o autor anota, através de diálogos curtos, as respostas dos espectadores. O objetivo é recapitular e conduzir à próxima ação. O sentido da aprendizagem é atingido por meio do processo (ensaios), da troca de idéias durante a preparação (lição de dialética) e não do produto final.

A resposta de Heiner Müller parte do final da peça de Brecht. Vencedor dos Curiácios, o Horácio é aclamado em sua volta a Roma. Müller desloca o eixo do conflito. A ameaça maior não é mais exercida pelo povo invasor (na peça de Brecht os Curiácios),

49. *In:* Steinweg (1976), p. 146.

88 BRECHT: UM JOGO DE APRENDIZAGEM

mas os dois povos (Curiácios – habitantes da cidade de Alba – e Horácios – habitantes da cidade de Roma) temem um inimigo comum – os etruscos. O estado de guerra entre os dois povos é solucionado:

Como a batalha enfraquece
Vencedores e vencidos, vamos tirar a sorte
Que apenas um homem lute por nossa cidade
Contra um homem por sua cidade
Poupando os outros para o inimigo comum[50].

O Horácio é um indivíduo, ele não é mais símbolo de regimentos sob seu comando, como na peça de Brecht. O Curiácio morto no duelo era noivo da irmã do Horácio. Com a perda do noivo, ela é a única que não festeja a volta do irmão e acaba sendo morta por ele.

E o Horácio, que ainda tinha no braço o impulso
Com que havia matado o Curiácio
Enfiou a espada, sobre a qual o sangue daquele
que lastimavam ainda não havia secado,
No peito da chorosa[51].

Um tribunal se estabelece entre os romanos em torno da questão de saber se o Horácio é o vencedor de Alba ou o assassino da irmã.

Se como vencedor deveria ser honrado
Ou julgado como assassino o Horácio[52].

Os lictores convocam o povo para uma assembléia, onde são eleitos dois representantes para fazer justiça ao Horácio.

E colocou na mão de um deles
O louro para o vencedor
E na do outro o machado de execução, destinado ao assassino[53].

Com a mudança do conflito, muda o conteúdo da peça didática. Na peça de Heiner Müller a representação da mediação

50. Heiner Müller, *Mauser*, Berlim, Rothbuchverlag, 1978, p. 45.
51. *Idem*, p. 46.
52. *Idem*, p. 47.
53. *Ibidem*.

DRAMATURGIA E ENCENAÇÃO 89

dialética entre o direito do indivíduo e o processo histórico suplanta o plano social e incorpora o plano existencial. Sua escrita se aproxima do drama lírico. Diálogos e rubricas são apresentadas na forma da poesia dramática, fazendo parte do texto poético. Müller desloca o eixo da problemática da guerra para a contradição do sujeito que pratica a violência. Se as peças didáticas de Brecht tendem para o épico, as de Heiner Müller tendem para o lírico.

Através do *O Horácio*, Heiner Müller concretiza, de forma exemplar, a proposta de Brecht segundo a qual as peças didáticas são "exercícios de dialética". Nas observações para *O Horácio* afirma:

> O jogo segue a descrição. (TODOS OS JOGADORES: Entre a cidade de Roma... ambos os ameaçados. APRESENTAÇÃO. OS CHEFES DE EXÉRCITO: Os chefes de exército/ Postaram-se cada um diante de seu exército e disseram/ Um para o outro: Como a batalha enfraquece...) Todos os adereços: máscaras (máscaras dos albanos e dos romanos, máscara da irmã, máscaras dos cachorros), armas etc. devem estar visíveis durante todo o jogo. Não há saídas de cena. Quem disse o seu texto e jogou o seu jogo, volta para a posição inicial, ou seja, troca de papel. (Os albanos, depois da luta, fazem o papel do povo romano, que recebe o vencedor. Dois soldados romanos, depois do assassinato, tornam-se os lictores, etc.)
>
> Após cada morte, um dos jogadores deixa cair um pano vermelho no proscênio. O jogador que faz o papel de Horácio pode ser substituído por um boneco, após o seu assassinato. O boneco deveria ter dimensões imensas. O texto: Pois a mão enrijecida pela morte... deve ser enunciado pelo jogador que faz o Horácio[54].

Evidencia-se, pela preocupação de Heiner Müller com o jogo da troca de papéis, a estrutura dramatúrgica do texto, a partir do qual cada lado da argumentação pode ser defendido lógica e emocionalmente até as últimas conseqüências. Ao trocar de papel, defendendo o ponto de vista contrário durante a argumentação e o jogo cênico para o julgamento, os jogadores devem desenvolver justificativas. O exercício dialético de colocar-se "do outro lado" é enriquecedor, à medida que obriga cada jogador a situar-se de uma nova forma e compreender/articular também o ponto de vista oposto. Especialmente interessante na peça de Heiner Müller é que a argumentação não permanece no plano apenas lógico/intelectual, mas atinge profundamente a emoção

54. *Idem*, p. 54.

BRECHT: UM JOGO DE APRENDIZAGEM

através da incorporação do plano existencial. Neste sentido, é paradigmática a frase-chave do texto "Há muitos homens em um só homem" ("Nenhum homem é igual a outro homem"). No contexto da peça:

> Ali está o vencedor. Seu nome: Horácio
> Ali está o assassino. Seu nome: Horácio
> Há muitos homens em um só homem
> Um deles venceu por Roma no duelo
> Um outro matou a sua irmã
> Sem necessidade. A cada um o seu
> Ao vencedor o louro, ao assassino o machado[55].

O julgamento não é apenas desenvolvido através de argumentos a favor/contra os dois pontos de vista (herói/assassino). Os argumentos são consumados através de sua realização cênica, em forma de ritual – são paralelizados, tornando as contradições plasticamente visíveis.

> E aquele que levava o louro, disse:
> Seu mérito apaga sua culpa
> E aquele que levava o machado disse:
> Sua culpa apaga o seu mérito
> E aquele que levava o louro perguntou:
> O vencedor deve ser executado?
> E aquele que levava o machado perguntou:
> O assassino deve ser honrado?
> E aquele que levava o louro disse:
> Se o assassino for executado
> Será executado o vencedor
> E aquele que levava o machado disse:
> Se o vencedor for honrado
> Será honrado o assassino[56].

As duas sentenças são cumpridas, uma após a outra. O Horácio é o primeiro coroado:

> E todos os romanos
> Ergueram as espadas por um tempo de três batidas do coração
> Com o braço estendido e louvaram o vencedor[57].

55. *Idem*, p. 59.
56. *Idem*, p. 49.
57. *Idem*, p. 50.

DRAMATURGIA E ENCENAÇÃO 91

E depois executado. O cadáver do Horácio recebe primeiro seu féretro "sobre os escudos das tropas", como vitorioso, e depois é jogado aos cães "para que o despedacem como assassino".

O poema dramático propõe o jogo da troca de papéis em forma de ritual. O termo "espada" aparece quarenta vezes no texto, e a estrutura do refrão (repetição de palavras e frases-chave) atribui à palavra símbolo "espada" a função de condutora do ritual. A espada é também o objeto símbolo que dá plasticidade a este ritual épico-lírico:

> E os lictores enfiaram novamente suas espadas
> No cinto, tiraram a espada
> Do vencedor das mãos do assassino e a jogaram
> Na poeira, e aquele que carregava o machado arrancou
> Da testa do assassino o louro
> Com o qual o vencedor havia sido coroado e o
> Devolveu à mão daquele que carregava o louro
> E jogou sobre a cabeça do Horácio o pano da cor da noite
> Dentro da qual fora condenado a entrar
> Porque havia matado um homem
> Sem necessidade (...)[58].

Os "adereços de cena" – machado/louro/pano de cor da noite – assumem a mesma função do objeto símbolo. Através da ação cênica, o símbolo adquire concretude. No ritual da coroação, as espadas estão presentes, no ritual da execução, elas estão ausentes. No féretro do vitorioso, as espadas estão presentes, no féretro do assassino, ausentes.

> E os romanos todos
> Enfiaram cada um sua espada na bainha
> De forma que os fios estavam todos cobertos
> Para que não participassem as armas
> Com as quais o vencedor havia sido honrado
> Da execução do assassino. Mas os vigias
> À espera do inimigo nos quatro portões da cidade
> Não cobriram as suas espadas
> E os fios dos machados ficaram descobertos
> E a espada do vencedor, na poeira, cheia de sangue[59].

A ameaça dos etruscos encontra-se presente durante todo o tempo, através do refrão "Mas os vigias à espera do inimigo nos

58. *Ibidem.*
59. *Ibidem.*

BRECHT: UM JOGO DE APRENDIZAGEM

quatro portões da cidade". Os etruscos não chegam nunca, mas a iminência de seu ataque determina toda a ação da peça. Diz o pai:

Diante da cidade estão os etruscos
E Roma desperdiça sua melhor espada
Preocupem-se com apenas uma
Preocupem-se com Roma[60].

A "melhor espada" se refere aqui ao seu filho Horácio, o guerreiro vitorioso sobre Alba.

A *espada* é posta em paralelo com o ritual das *palavras*.

Duas vezes poderoso
É o etrusco, se Roma estiver dividida
Por opiniões contrárias
No julgamento fora de hora (...)
Conversas não conversadas
Pesam sobre o braço que empunha a espada
Discordância encoberta
Torna as fileiras de combate inseguras[61].

O tribunal é um processo de reflexão onde é buscada a síntese para a contradição (herói/assassino). Consumadas as duas penas (féretro para o herói/féretro para o assassino), a contradição permanece e o povo suscita a última sentença:

Como deve ser chamado o Horácio pela posteridade?

A estrutura circular permanece, e o paralelismo entre *espada* e *palavra* se evidencia:

Ele deve ser chamado o vencedor de Alba
Ele deve ser chamado o assassino de sua irmã
No mesmo hausto seu mérito e sua culpa
E quem mencionar sua culpa e não mencionar seu mérito
Este deve morar com os cães como um cão
E quem mencionar seu mérito e não mencionar sua culpa
Este deve morar com os cães
Mas quem mencionar sua culpa em um momento
E mencionar seu mérito em outro momento
Falando da mesma boca em momentos diferentes de forma diferente

60. *Idem*, p. 48.
61. *Ibidem*.

DRAMATURGIA E ENCENAÇÃO

A este deve ser arrancada a língua
Pois as palavras devem permanecer puras
Pois uma espada pode ser quebrada e um homem
Também pode ser quebrado, mas as palavras
Caem na agitação do mundo, irrecuperáveis
Tornando as coisas reconhecíveis ou irreconhecíveis
Assim estabeleceram, sem temer a verdade impura
À espera do inimigo, um exemplo provisório
De diferenciação pura, não ocultando o resto
O que não podia ser solucionado na transformação irremediável
E foram cada um novamente ao seu trabalho,
À mão, ao lado do arado, martelo, sovela,
Estilete, a espada[62].

"Palavras são assassinato."[63] A estratégia de guerra não é mais proposta ao nível militar. Está em questão o discernimento do ser humano, ameaçado por uma sociedade onde o próprio teatro se tornou uma indústria e a literatura, sua matéria-prima. "Se a questão é dinheiro, mais dinheiro para o teatro, tanto nas duas Alemanhas como em toda parte do mundo, não há espaço para o trabalho experimental. Trata-se apenas de compra e venda. A literatura deve ser um obstáculo ao teatro, mas isso é uma luta muito grande."[64]

Nas frases de Heiner Müller é possível reconhecer a atualidade da contradição com a qual Brecht se confrontou na década de 30. Permanece a proposta da peça didática como um meio de educação e experimentação teatral que procura gerar novos meios de produção, aliados a uma nova forma de fazer teatro. Através do jogo dialético da troca de papéis dá-se o experimento de diferenciação e discernimento. Entre a espada e a palavra.

A Mãe (*Die Mutter*) propõe a ambivalência. De acordo com a formulação de Brecht, ela "foi escrita no *estilo* das peças didáticas, mas exige atores" (grifo nosso) (2, 138). O caráter de "biografia histórica" desta peça poderia justificar a necessidade de atores, à medida que, para o amador, o processo de construção psicológica de personagens se torna complexo. Por outro lado, a identificação está mais próxima da peça didática do que da peça de espetáculo. O aprendizado que se desenvolve a partir de *A*

---

62. *Idem*, p. 53.

63. *Folhetim*, 3 de agosto de 1986. Entrevista de Heiner Müller a Laymaert Garcia dos Santos.

64. *Idem*.

94 BRECHT: UM JOGO DE APRENDIZAGEM

Mãe realiza-se à medida que o espectador acompanha o processo da personagem principal – ele está no mesmo plano. Em *Mãe Coragem* a personagem principal permanece cega, enquanto os espectadores, vendo a sua cegueira, são levados a enxergar[65].

O que caracteriza, então, o "estilo" da peça didática?

A lógica da fábula está interligada, em todas as peças didáticas, com uma exacerbação dramática: um pobre pede um manto a um rico que tem dois mantos e morre de frio porque o rico não lhe dá o manto, um menino é morto e jogado em um despenhadeiro (*Diz-que-Sim*), um cule submisso e fiel é assassinado por seu senhor (*A Exceção e a Regra*), um jovem revolucionário é morto e jogado em uma mina de cal (*A Decisão*). Essas exacerbações dramáticas são artificialmente construídas – podem portanto ser evitadas logicamente. A necessidade trágica lhes é tirada. Tal construção visa desencadear o processo de discussão e investigação no grupo. A partir da "crise" busca-se, nos modelos sociais e papéis típicos, aquele erro que deu origem ao desenvolvimento fatal.

O modelo da peça didática propõe, quando confrontado com outras didáticas tradicionais, um outro princípio de conhecimento. Seu objetivo não é a apresentação ou aprendizagem de um sentimento/ensinamento/moral, mas sim o exame coletivo de um recorte da realidade de vida dos participantes. Um experimento com a peça didática é, portanto, equivalente a um processo de investigação coletivo.

Brecht estrutura os modelos das peças didáticas, fragmentando ações complexas do cotidiano em pequenas unidades que, por sua vez, estão subdivididas em pequenas ações, maneiras de falar, gestos e atitudes, volta a reuni-los em tipos e modelos sociais. Os modelos caracterizam algo fundamental e típico de uma atitude humana dentro de uma situação. O princípio da seleção para o típico é o seu significado histórico-social. Aquilo que Brecht considera significativo, do ponto de vista histórico-social, está caracterizado em duas tendências de ensino que são recorrentes: o esforço de esclarecimento das relações dos homens com seus sentimentos e da relação entre indivíduo e sociedade.

O coro cumpre a função de fazer o "comentário" das ações. Dessa forma, ação/reflexão são relacionadas de maneira sistemática uma com a outra no exercício com a peça didática, sendo que

---

65. Roland Barthes, "Mãe Coragem Cega", *Crítica e Verdade*, São Paulo, Perspectiva, 1970, pp. 125-128.

DRAMATURGIA E ENCENAÇÃO 95

não se sucedem temporalmente mas sobrepõem-se constantemente através de jogo/comentário e na própria ação de jogar. Dessa forma, ações/atitudes/gestos são experimentados e trocados no espaço aberto de jogo, e o conhecimento pode ser constantemente modificado.

As peças didáticas não fornecem categorias para uma sistematização. Introduzem a uma forma de pensamento onde teoria/prática constituem um todo interdependente.

Também *A Exceção e a Regra* se encontra no limite entre peça didática e peça de espetáculo (escrita em 1930, tem música de Paul Dessau, composta somente em 1948). Brecht recomendava a sua encenação por grupos amadores.

Uma pequena caravana reúne um comerciante, um guia e um carregador (cule), que parte em expedição para a cidade de Urga. Ali o comerciante poderá obter uma concessão vantajosa para a exploração de petróleo, se alcançar a cidade antes de seus concorrentes. Motivado pela perspectiva do lucro, exige maior velocidade do carregador e censura o guia por não tratá-lo mais rudemente. O carregador se justifica em nome do espírito de conquista do ser humano, protagonista da história, portador do progresso social e do bem-estar geral. Sua ideologia visa justificar o domínio do homem sobre o homem.

Antes de atravessar o grande deserto que ainda separa a caravana de sua meta, o comerciante despede o guia com medo de que, em uma região desprotegida, permaneça sozinho, numa relação desigual com os dois empregados. Continua a viagem apenas com o carregador.

No deserto, o comerciante interpreta a incapacidade do carregador em prosseguir mais rapidamente como sabotagem. Obriga-o, apontando-lhe o fuzil, a caminhar cada vez mais depressa, esgotando assim as forças do cule. Ao atravessar o rio, o carregador, que não sabe nadar, quebra o braço, mas o comerciante força-o, espancando-o ainda mais, a prosseguir a marcha carregando todo o peso.

Os dois se perdem no deserto. Cresce a desconfiança do comerciante. Quando estão no fim de suas forças, e o comerciante não possui mais água, o carregador se aproxima dele para lhe dar a água que ainda lhe resta. O comerciante interpreta a ação como uma ameaça, acreditando que a garrafa era uma pedra com a qual o carregador queria matá-lo, puxa o fuzil e o mata. O comerciante é recolhido por uma caravana de um de seus concorrentes.

96 BRECHT: UM JOGO DE APRENDIZAGEM

Em Urga a mulher do carregador denuncia o comerciante como assassino de seu marido. Mas o tribunal declara o comerciante inocente porque agiu em legítima defesa. "A regra é olho por olho. Só o tolo espera pela exceção." No final, o coro previne: "Na regra, reconheçam o abuso. E onde tiverem reconhecido o abuso, procurem o remédio". Embora o comerciante tenha sido absolvido, cabe à platéia julgar o julgamento dos juízes. O comportamento do comerciante e do cule engendram uma contradição mais ampla – a justiça em uma sociedade de classes.

O princípio de que "toda regra tem uma exceção" é proposto na peça mediante a relação dialética que é estabelecida entre "exceção" e "regra", levando a uma crítica da *Vernunft* (que podemos traduzir por *razão*, porém mais corretamente por *bom senso*). A cena do julgamento deixa claro que se trata de uma crítica ao "bom senso" (ou senso comum). "Supor que o cule não iria me abater na primeira oportunidade significaria acreditar que ele não tivesse bom senso" (2, 819). O cule não age por amor ao próximo, mas a partir do medo.

Devo entregar-lhe a garrafa que o guia me deu na estação. Caso contrário, se nos encontrarem, e eu ainda estiver vivo, e ele estiver quase morrendo, vão mover um processo contra mim (2, 811).

A peça mostra que a *Vernunft*, o bom senso, não é tudo, mas sim o poder excludente de um interesse parcial. A parte, entendida como todo pelo bom senso, é definida pelo guia como um sistema particular "no sistema que eles fizeram" (2, 820). A representação estranhada do capitalismo faz com que ele apareça como uma situação de exceção, que deve dar lugar à "regra" em uma sociedade onde a ajuda não será mais exceção. Na *Peça Didática de Baden-Baden*, Brecht constata que "ajuda e poder... formam um todo/ e o todo deve ser modificado" (2, 599). Somente "quando o homem for amigo do homem" (9, 725), a exceção se tornará regra.

A peça didática propõe uma crítica ao bom senso, através da força do entendimento, o que não pode ser equacionado com "racionalidade". O comentário que introduz o problema dá algumas regras para o procedimento com este conceito de entendimento:

Observem muito bem o comportamento destas pessoas:
Vejam-no quão estranhável, embora não estranho
Inexplicável, embora comum

DRAMATURGIA E ENCENAÇÃO

Inacreditável, embora seja a regra.
Mesmo as menores ações, embora simples
Observem com desconfiança. Examinem, se é necessário
Principalmente aquilo que é usual.
Pedimos encarecidamente, não acreditem
Que aquilo que acontece sempre é natural.
Pois nada deve ser considerado natural
Em um tempo confuso como esse de
Desordem decretada, arbitrariedade planejada
Humanismo desumano, para que nada
Permaneça como imutável (2, 793).

Essas frases devem ser lidas como uma das muitas formulações de Brecht sobre o princípio de estranhamento. Algo é retirado de seu contexto usual aparecendo como estranho, inexplicável, incompreensível. Tornado desconhecido, torna-se passível de ser reconhecido, através do entendimento.

Se aceitarmos, como Brecht, que as peças didáticas são peças para serem praticadas pelos jogadores, o papel dos espectadores se transforma – estes passam a ser participantes. Através desse processo, paradoxalmente, a identificação é reintroduzida de forma extremada (à medida que o participante empresta seu corpo à atuação). Um exame mais detalhado mostra, no entanto, uma diferença, ao menos do conceito de identificação como é compreendido por Stanislavski, que pressupõe a figura imaginária do outro como totalidade e interioridade. Já em *Homem é Homem* (*Mann ist Mann*), Brecht dissolve os pressupostos para uma identificação de tipo stanislavskiano, ao renunciar à motivação interior e construir figuras planas em lugar de caracteres "redondos". A participação do espectador na peça didática não significa, portanto, que ele vá se identificar com um caráter. A figura plana, liberta de características individuais, propõe modelos de atitudes fundamentais e típicas. A emoção e o sentimento são objetos do entendimento, à medida que passam a ser clarificados, mediante a análise das relações que os homens estabelecem entre si.

No depoimento de um trabalhor de Terni[66]:

66. Em janeiro de 1975, Besson, Langhof e Karge realizaram numa fábrica, em Terni, um seminário a partir de *A Exceção e a Regra*, do qual participaram oitenta operários. A iniciativa partiu do conselho de fábrica. Os trabalhadores na região da Úmbria, na Itália, haviam conquistado, através de ações da corporação, o direito a investir cento e cinqüenta horas a cada dois anos na sua qualificação. O seminário foi um exercício desse direito, desenvolvido no plano cultural. Benno Besson é intendente e encenador da Volksbühne (Teatro Popular, RDA).

BRECHT: UM JOGO DE APRENDIZAGEM

Queríamos utilizar o teatro como um meio didático e como um meio de comunicação. Queríamos descobrir o que o teatro faz com a realidade, como a analisa. Pois o teatro é capaz de apreender, no plano cultural, problemas que repousam sobre fatos concretos[67].

A transformação do teatro em pedagogia propõe que, através de meios teatrais, é possível estudar e elaborar experiências individuais e históricas que se instauraram nas disposições e atitudes corporais e determinam o comportamento.

Os modelos de ação propostos através das peças didáticas se diferenciam de textos teatrais tradicionais por seu valor de aprendizagem. Enquanto o teatro amador está sempre orientado para apresentações diante de um público, Brecht enfatiza que o valor da aprendizagem na peça didática consiste no exame experimental das experiências sociais dos atuantes/jogadores. Com este objetivo, as peças didáticas são propositalmente abstratas e encerram significações que provocam a contradição. Por meio do jogo teatral, o material gestual torna visíveis as condições sociais das quais os jogadores são provenientes. Sem prescrever um comportamento político concreto, o objetivo é o desenvolvimento de uma atitude política. Apesar de não lidar com problemas políticos imediatos, as peças didáticas são empreendimentos políticos. Como ponto de partida para os exercícios seriam inconvenientes textos estabelecidos à base de problemas ou situações históricas ou atuais. A partir de seu objetivo, que é favorecer um processo de conhecimento, as peças didáticas não podem examinar uma realidade específica na sua totalidade ou representá-la. Se as entendermos como simples modelos, como introdução a um processo real, já por essa razão elas devem ter, necessariamente, um certo grau de abstração. Esta só surgirá como falha se compreendermos erroneamente os textos como obras acabadas. Eles devem ser abstratos para que os jogadores sejam forçados a tomar uma decisão. Essa decisão espelhará então problemas políticos reais da realidade dos jogadores. Invenções desse tipo podem ser introduzidas entre as cenas, exemplificando-as.

Manfred Karge e Mathias Langhof são encenadores também da Volksbühne. De volta da Itália, Besson organiza um seminário em Berlim (RDA). Em julho de 1976, o projeto é realizado com o apoio das fábricas NARVA e VEB SEGURA.

67. "Por Que Teatro?" Depoimento de um membro do Conselho de Fábrica, em Terni, *in: Alternative* 107, p. 76.

3. Didática

> *Convencer, para um autoritário, é passar uma esponja na possibilidade de duvidar.*
> *Convencer, para um educador radicalmente democrático, é jamais passar a esponja em nenhuma possibilidade de dúvida.*

PAULO FREIRE

Non verbis, sed gestibus!

BERTOLT BRECHT

Quando, em 1935, Brecht traduziu para o inglês o termo *Lehrstück*, escreveu: "The nearest English equivalent I can find is learning play"[1]. A ênfase da didática recai sobre a atividade do sujeito – quanto a isso, a teoria da peça didática não deixa dúvida. A tradução mais correta para o português seria "peça de aprendizagem", à medida que o termo "didático", na acepção tradicional, implica "doar" conteúdos através de uma relação au-

---

1. A referência a *learning play* se encontra no ensaio *Das deutsche Theater der Zwanziger Jahre* (*O Teatro Alemão na Década de 20*, Arquivo Bertolt Brecht, 347/33-36). O mesmo artigo foi publicado sob o título "The German Drama: pre-Hitler", *in: Left Review*, Londres, 1936. Referência a partir de Reiner Steinweg, *Das Lehrstück*.

100   BRECHT: UM JOGO DE APRENDIZAGEM

toritária entre aquele que "detém" o conhecimento e aquele que é "ignorante". A peça didática de Brecht propõe o exercício de uma "didática não depositária"[2], pela qual o aluno aprende por si próprio e verifica até onde caminhou com o conteúdo, em lugar de se ver confrontado de início com uma determinação do objetivo da aprendizagem. As questões que se colocam – como é introduzido esse processo/para onde se dirige/como é estruturado – devem ser buscadas, acima de tudo, na atitude de coordenador[3] que

(...) não entende por *ensaio* a submissão à disciplina a partir daquilo que já está estabelecido em sua cabeça. Entende-o como uma experimentação. Ele precisa exigir que várias possibilidades sejam mantidas. É perigoso para ele ser forçado a encontrar rapidamente a única solução "correta". A única solução correta só pode ser uma dentre muitas soluções possíveis, se é que ela existe, e vale a pena experimentar também outras soluções, mesmo porque, assim, a solução final será enriquecida. Ela tira sua força do ato de seleção. Além disso, a produtividade dos participantes é irregular, eles produzem em tempos diferentes e necessitam de estímulos diversos. Cada um dos participantes tem também interesses diversificados, que devem ser plenamente desenvolvidos para o enriquecimento da solução do conjunto. É tarefa do coordenador desmascarar as dificuldades para todas as soluções esquemáticas, costumeiras, convencionais. Ele deve desvendar *crises*. Naturalmente, não deve ter medo de reconhecer que nem sempre sabe e tem pronta "a" solução. A confiança que os participantes depositam nele deve fundamentar-se no fato de que ele é capaz de decifrar aquilo que não é solução. Ele deve contribuir com perguntas, dúvidas, multiplicidade de pontos de vista, comparações, lembranças, experiências. Normalmente, será trabalhoso evitar uma construção excessivamente rápida das situações e dos papéis, à medida que é justamente isso o que dá àqueles que já adquiriram atitudes de rotina ou são mais fortes (famosos) a oportunidade de paralisar a produtividade dos outros e impor soluções convencionais (...) ele deve organizar a *atitude de espanto* (...). Deve fazer com que perguntem. *Por que digo isso?* e *Por que ele disse aquilo?* Deve até mesmo fazer com que digam: *Eu (ou aquele) poderia dizer isso ou aquilo* (15, 420).

"GESTUS *SOCIAL*"

O conceito de *gestus* com o atributo "social" é um conceito central na estética brechtiana[4].

2. O conceito de "didática não depositária" é oriundo da *Pedagogia do Oprimido* de Paulo Freire.

3. O termo utilizado por Brecht é *Probenleiter* (coordenador de ensaios).

4. O termo latino *gestus* foi empregado por Cícero no sentido de "atitude do corpo", em particular "gestos do ator e orador" – Brecht focaliza a lingua-

DIDÁTICA 101

Por *gestus* entenda-se um complexo de gestos, mímica e enunciados, os quais são dirigidos por uma ou mais pessoas a uma ou mais pessoas.

Um homem que vende peixe mostra, entre outras coisas, o *gestus* de vender. Um homem que escreve seu testamento, uma mulher que atrai um homem, um policial que espanca um homem, um homem que faz o pagamento a dez homens – em tudo isso está contido o *gestus* social. Um homem, invocando seu Deus, só será *gestus*, nesta definição, se isso ocorrer com vistas a outros homens ou em um contexto onde apareçam relações de homens para homens. (O rei rezando, em *Hamlet*.)

Um *gestus* pode ser manifesto apenas por meio de palavras (no rádio); assim será introduzida nas palavras uma determinada gestualidade (*Gestik*) e uma determinada mímica, que poderão ser detectadas (uma reverência humilde, um tapinha nas costas).

Da mesma forma, os gestos e a mímica (no filme mudo, no teatro de sombras) podem conter palavras.

Palavras podem ser substituídas por outras palavras, gestos por outros gestos, sem que, por isso, o *gestus* seja modificado (15, 409).

Brecht estabelece uma diferença entre *Gestik* (gestualidade) e *Pantomim* (pantomima):

(...) esta é um ramo da manifestação artística, como o teatro, a ópera, a dança. Na pantomima, tudo é expresso sem a fala, inclusive o discurso. Nós, no entanto, lidamos com a gestualidade (*Gestik*) tal como ela aparece no cotidiano e é elaborada no espetáculo.

Existem, além disso, gestos (*Gesten*) individuais. Expressos em lugar de enunciados, sua compreensão é dada pela tradição, como (na nossa cultura) curvar afirmativamente a cabeça. Gestos ilustrativos são aqueles que descrevem o tamanho de um pepino ou a curva de um carro de corrida. Existe ainda a multiplicidade de gestos que demonstram atitudes emotivas, tais como desprezo, tensão, perplexidade, e assim por diante (...) (16, 752).

Gestos, no significado corrente, são gesticulações que acompanham a fala, através de movimentos expressivos. Os gestos tornam visível, corporalmente, aquilo que aparece apenas "interiormente", intelectualmente, através da linguagem verbal. Os gestos objetivam posicionamentos internos, exteriorizando-os. Em um texto escrito por volta de 1938, Brecht chama a atenção para a diferença entre *gestus* e *gesticulação* (*gestikulieren*):

(...) ao falar de *gestus* não nos referimos à gesticulação (*gestikulieren*); não se trata de movimentos das mãos no intuito de frisar ou explicar a fala, mas sim de atitudes gerais. Uma linguagem é gestual (*gestisch*) quando se fundamenta no *gestus*, quando revela determinadas atitudes do indivíduo que fala, assumidas perante outros indivíduos (...) (15, 482).

102 BRECHT: UM JOGO DE APRENDIZAGEM

Brecht não compreende o gesto nos termos do significado corrente – como "expressão corporal" de sentimentos e idéias. Ele inverte o conceito: gestos são a expressão do comportamento real, de atitudes reais. Não é o "interior" que se objetiva para o "exterior". O interior é orientado pelo exterior, torna-se o seu *gestus*. Com isso, o conceito de *gestus* se desprende do domínio subjetivo e transporta sua significação para o domínio intersubjetivo: se as atitudes reais e o comportamento real determinam o comportamento intelectual, subjetivo e interior, então aquilo que é determinante se origina na convivência social dos homens, na intersubjetividade da vida social e na linguagem.

> Um *gestus* designa as relações dos homens entre si (16, 735).
>
> A esfera das atitudes, que as figuras (personagem) assumem uma diante das outras, denominamos esfera gestual. Atitude corporal, tom de voz e expressão facial são determinados por um *gestus* social: as figuras insultam-se umas às outras, fazem elogios, ensinam umas às outras e assim por diante (16, 689).

O *gestus* torna, portanto, compreensível e acessível aquilo que é subjetivo (comportamento subjetivo, atitude subjetiva) através daquilo que é intersubjetivo, social. A "expressão" subjetiva não é excluída ou posta de lado – mas o *gestus* social estabelece relação entre atitudes e comportamentos e a realidade. Para Brecht, a *atitude* significa mais do que um determinado estado corporal. Ela expressa, enquanto produto de ações sociais, uma relação – é uma forma determinada através da qual alguém (ou um grupo) se confronta com o ambiente social. Os modelos de comportamento que cada pessoa forma individualmente, assim como a maneira da imitação (que é desenvolvida desde a infância), são o resultado de uma cultura determinada pela classe social, sexo, língua, articulação etc.

Segundo Benjamin, "quanto mais interrompermos aquele que age, tanto mais gestos obteremos"[5].

Brecht filmou Weigel enquanto ela estava se maquiando. Depois, cortou o filme e verificou que cada fotograma mostrava uma expressão completa, acabada em si mesma e com um significado próprio. "Vê-se que atriz ela é", disse com admiração. "Ca-

---

gem na sua função social e também no sentido de função pública. Veja o ensaio de Willi Bolle, "A Linguagem Gestual no Teatro de Brecht", *in: Revista Língua e Literatura*, n. 5, São Paulo, FFLCH/USP, 1976.

5. Walter Benjamin, *Versuche über Brecht*, p. 36.

DIDÁTICA 103

da gesto pode ser decomposto em inúmeros gestos, todos eles perfeitos em si mesmos. Um está ali para o outro e, ao mesmo tempo, para si mesmo. O salto é belo e também o impulso (...)" (16, 606).

O gesto é, segundo Benjamin, "um elemento de uma atitude". Por meio da interrupção, o gesto tem "um começo e um fim passíveis de serem fixados individualmente (...) a atitude, enquanto tal, se encontra na corrente viva"[6]. À medida que o gesto constitui o material do teatro épico, seu uso apropriado leva à modificação de atitudes. No processo pedagógico com a peça didática, os gestos devem ser compreendidos, isto é, seu significado precisa tornar-se consciente. A peça didática é uma tentativa de tornar inteligíveis os gestos, ao serem executados praticamente. Ao mesmo tempo, eles devem ser submetidos à observação.

(...) a obra épica, ao contrário da dramática, suporta bem o fato de ser literalmente cortada em pedaços, permanecendo vivo cada um desses pedaços (16, 202).

O processo de *montagem* visa romper com o conceito de evolução, decompondo a situação em outros tantos elementos particulares, que o espectador (no teatro épico artístico) e o atuante (na peça didática) remontarão em seguida. Brecht privilegia a forma do *processo* – diversas interpretações, diversas significações coexistem. A construção por fragmentos descartáveis (estilo épico) propõe versões diferentes de um mesmo fato, colocando o atuante diante de opções.

Também no cinema, Eisenstein opõe ao conceito de montagem tradicional, onde ela é entendida como um "encadeamento de pedaços, (...) uma tomada. Um pedaço isolado de celulóide. Uma pequena moldura retangular dentro da qual existe, organizado, um fragmento de acontecimento (...) a tomada (o plano) é um elemento de montagem. A montagem é a reunião destes elementos"[7]. Para Eisenstein, a tomada é uma *célula* da montagem. O que a caracteriza é a *colisão*, o *conflito* entre os dois pedaços. Da colisão surge o conceito. Eisenstein compara a montagem a uma série de explosões de um motor a combustível que impele

6. *Idem.*

7. Sierguéi Eisenstein, "O Princípio Cinematográfico e o Ideograma", *Ideograma, Lógica, Poesia, Linguagem*, Haroldo de Campos (editor), São Paulo, Cultrix, Ed. da Universidade de São Paulo, 1977, p. 175.

um automóvel para a frente. Nesse sentido, propõe o método da "decomposição" da ação em oposição ao naturalismo "interior". De acordo com Eisenstein, o método cinematográfico é usado no ensino de desenho nas escolas japonesas (...). Qual é o nosso método do ensino do desenho? Tomamos um pedaço qualquer de papel branco, retangular. Passamos a preenchê-lo, geralmente sem utilizar as margens (...). A abordagem dos japoneses se faz a partir de uma orientação muito diferente. Aqui está um ramo de cerejeira. O aluno corta desse conjunto – por meio de um quadrado, de um círculo, de um retângulo – unidades de composição (ver Fig. 1).

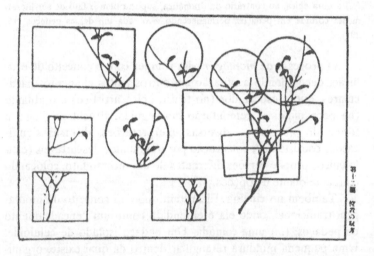

Fig. 1. O método de ensino de desenho nas escolas japonesas.

Nas propostas de montagem cinematográfica de Eisenstein e nas "unidades de composição" do método de ensino do desenho japonês vemos a recorrência do didático. Ao decompor a imagem ou o gesto do ator, realiza-se uma demonstração, que propõe o exercício dialético. A dialética vincula-se à didática justamente pela quebra da impressão de realidade ou processo de identificação com o objeto (imagem/personagem). Uma conseqüência imediata é o "estranhamento" – a ruptura com o discurso linear, substituído pela leitura da realidade em fragmentos.

DIDÁTICA   105

IDENTIFICAÇÃO E ESTRANHAMENTO

As técnicas utilizadas para atingir o *V-Effekt* (efeito de estranhamento) e o "modelo de ação" (fornecido pelo texto da peça didática) são os instrumentos didáticos indicados por Brecht. A sistematização das informações teóricas de Brecht sobre a linguagem gestual não tem a intenção de estabelecer um sistema normativo. A descrição dos instrumentos utilizados por Brecht visa antes fornecer indicadores de caminhos para novos experimentos a serem realizados.

Os textos das peças didáticas favorecem a alternância entre *identificação* e *estranhamento* pelo jogador. Embora a regra do estranhamento também valha para a peça didática, a identificação exerce aí um papel importante: "Quando eu, mesmo com a maior boa vontade, já não sabia mais o que fazer com a identificação, construí a peça didática"[8].

Essa observação de Brecht, que à primeira vista permanece enigmática, pode ser esclarecida através de uma reflexão sua, realizada em função da *Nova Técnica da Arte de Interpretação* (*Neue Technik der Schauspielkunst* (1935-1941). Brecht refere-se aí ao contato entre palco e platéia, que normalmente se realiza com base na identificação. O objetivo principal do ator tradicional é a invocação desse "ato psíquico". Já a técnica que provoca o "efeito V" é diametralmente oposta − o ator é levado a não provocar o ato da identificação.

No entanto, ele não necessita, nos seus esforços por retratar determinadas pessoas e mostrar seu comportamento, renunciar *totalmente* (grifo meu) ao meio da identificação. Utiliza esse meio até o ponto que qualquer pessoa sem talento ou ambição de interpretação o utilizaria para representar uma outra pessoa, isto é, para mostrar seu comportamento. Mostrar o comportamento de outrem ocorre cotidianamente em inúmeras ocasiões (testemunhas de um acidente mostram o comportamento do acidentado a outras que acodem, zombadores imitam o andar esquisito de um amigo e assim por diante), sem que essas pessoas queiram provocar nos observadores uma ilusão. No entanto, elas se identificam com pessoas para se apropriarem de suas particularidades (15, 342).

No processo com o jogo teatral não sucede apenas uma identificação intelectual, mas também corporal, sem a qual atitudes, gestos e modelos não podem ser imitados. A diferença em relação à identificação tradicional reside tanto no sujeito e objeto,

---

8. *Brechts Modell*, p. 172.

quanto na mediação estética. O sujeito da identificação não é o ator ou espectador mas sim aquele que realiza o experimento. Através do jogo de troca de papéis, ele assume a posição de observador de seus próprios atos.

Até 1936, Brecht utiliza em lugar de *Verfremdung* (estranhamento) e *verfremden* (estranhar), os termos *Entfremdung* (alheamento) e *entfremden* (alhear). Enquanto o conceito de *Entfremdung* (alheação) possui uma longa tradição (do latim *abalienare* – desapropriar-se de alguma coisa, vender), o termo *Verfremdung* (estranhamento) é relativamente novo na língua alemã[9]. No período compreendido entre 1936 e 1940, Brecht utiliza paralelamente tanto *Entfremdung* quanto *Verfremdung*. É possível que este paralelismo indique uma diferença entre os conceitos. Nas descrições de Brecht sobre a técnica do estranhamento é permitido diferenciar duas tentativas de definição. A técnica de estranhamento, que se aproxima daquela que o formalismo russo[10] (propõe), é descrita por Brecht, como segue:

> Estranhar um processo ou caráter significa inicialmente retirar desse processo ou caráter aquilo que é evidente, conhecido, manifesto, e provocar espanto e curiosidade diante dele (...) (15, 301).

Esta operação é denominada por Brecht *entfremden* (alhear) (15, 265). O atuante deve apresentar o caráter ou processo cons-

---

9. O termo *Verfremdung* também é traduzido para o português como "distanciamento". A tradução "estranhamento" é preferível porque ela guarda o núcleo *fremd* que significa "estranho, estrangeiro". De acordo com o dicionário *Grimmschen Wörterbuch*, o termo aparece pela primeira vez em uma publicação em língua alemã no relato *Neues Leben* de Bertholt Auerbach (1842). Neste romance, os pais se sentem estranhados, feridos, por não compreenderem a conversação de seus filhos em francês. (Bloch, Ernst: *Entfremdung/Verfremdung, in: Verfremdungen I*, Frankfurt, 1962, pp. 81-90.) O termo não teve uma utilização mais ampla até sua retomada por Brecht, que o aplica tanto na forma substantiva como verbal para caracterizar um determinado procedimento de seu teatro. O conceito entrou para a história do teatro como *V-Effekt* (efeito de estranhamento).

10. A definição de "estranhamento" de Chklovski está desenvolvida no capítulo 4, onde é estabelecida a sua relação com o jogo teatral. A teoria do estranhamento foi primeiramente desenvolvida por Viktor Chklovski:

"É justamente para instaurar novamente a sensação de vida, para sentir as coisas, para petrificar a pedra, que existe aquilo que denominamos arte. O objetivo da arte é transmitir uma sensação do objeto, como visão, e não como reconhecimento; o procedimento da arte é o procedimento do *estranhamento* (*Ver-*

DIDÁTICA 107

cientemente, cabe-lhe apontar para a figura por ele representada como para algo *estranho* (15, 220). Não almeja a transformação total "do jogador na figura representada" (15, 344). A "identificação" não ocorre (15, 346); o ator pode ter uma "opinião" diferente da figura representada e "manifestar" essa opinião. Em resumo, ele provê "aquilo que tem a demonstrar com o gesto claro da demonstração" (15, 341). No texto sobre *A Grande e a Pequena Pedagogia*, Brecht utiliza (1930) o termo *entfremden* (alhear). "Os atores devem tornar alheios ao espectador figuras e processos, de forma que chamem a sua atenção."

Existem inúmeras técnicas de estranhamento. O próprio Brecht aponta para as "técnicas de estranhamento no teatro chinês". Outras mais familiares poderiam ser buscadas na pintura (Dadaísmo, Surrealismo etc.). A técnica do "estranhamento", específica em Brecht, se diferencia pelo fato de chamar a atenção para processos sociais. Em oposição a outras tendências artísticas, ele busca meios que visam mostrar "processos entre os homens" (15, 364), sendo que justamento aquilo que é cotidiano, usual, deve ser tratado como "histórico":

(...) estranhar significa, pois, historicizar, representar processos e pessoas como históricos, portanto transitórios. O mesmo pode acontecer com contemporâneos. Também as suas atitudes podem ser representadas como temporais, históricas, transitórias (15, 301).

Representações de acontecimentos passados são tornados conscientes enquanto tais: eles são temporais e transitórios. Ao serem mostrados dessa forma, apresentam as relações entre os homens como mutáveis e passíveis de serem modificados. Assim como aquilo que ocorreu no passado pode ser mostrado como transitório, também o presente pode ser historicizado. Isso faz com que o espectador se distancie de seu tempo e o veja com o olhar da "geração futura" (16, 681).

fremdung) das coisas e o procedimento da forma dificultada, um procedimento que intensifica a dificuldade e duração da percepção. Pois o processo de percepção é, na arte, um fim em si mesmo e precisa ser prolongado. A arte é um meio para experimentar a feitura de alguma coisa; aquilo que está feito é sem importância na arte". (Viktor Chklovski, "Die Kunst als Verfahren", *Texte der russischen Formalisten – I*, Munique, Wilhelm Fink Verlag, 1969, p. 15.)

Pelo que nos informou o professor Dr. Bóris Schnaidermann, Chklóvski reavaliou, anos depois, sua concepção do estranhamento, considerando que o desenvolvimento dessa teoria, com objetivos sociais mais amplos, foi realizada por Bertolt Brecht.

108   BRECHT: UM JOGO DE APRENDIZAGEM

A definição clássica de "estranhamento" refere-se mais diretamente à peça de espetáculo épica. A diferenciação estabelecida por Brecht entre "teatro épico artístico" (*Theaterszene* – cena de teatro) e "teatro épico natural" (*Strassenszene* – cena de rua) poderá auxiliar a elucidar procedimentos pedagógicos.

(...) em experimentos práticos eu selecionava geralmente um exemplo dos mais simples, por assim dizer, "natural" de teatro épico - um acontecimento que pudesse se desenrolar em qualquer esquina de rua (16, 546).

O princípio, traduzido através do discurso poético em uma das muitas poesias que Brecht elaborou sobre *A Compra do Latão*, visa demonstrar que "não existe diferença elementar entre o teatro épico artístico e o teatro épico natural" (16, 557).

E com assombro queiram
(Vocês, artistas, que fazem teatro em grandes casas, sob sóis artificiais)
Observar algo:
que este imitador (o homem comum)
nunca se perde em sua imitação
Ele nunca se transforma
inteiramente no homem que imita (...)
Dele sabe bem pouco
Em sua imitação
Não surge um terceiro, dele e do outro
De ambos formado, qual
Um coração a bater e
Um cérebro a pensar. Ali inteiro
Está o que mostra, mostrando
O estranho, nosso próximo (9, 766).

Outros textos, onde Brecht se refere mais diretamente à atuação de crianças e amadores, são esclarecedores:

Quando crianças interpretam adultos, podemos aprender algo não apenas sobre crianças como também sobre adultos. Quando as crianças se disfarçam e empregam esforços especiais, aparece o quadro dos adultos (...) o ator adulto tampouco é aquele que representa, ele apenas faz como se assim fosse (15, 365).

A capacidade de transformação total é tida como a característica do talento do ator; se malograr, tudo estará então malogrado. Ela malogra com crianças, quando fazem teatro e com amadores (15, 387).

Ou ainda no discurso poético:

DIDÁTICA

(...)
No pudor natural das crianças
Que recusam o fingimento no jogo teatral
E na indignação dos operários
De portar-se de forma inculta, quando
Querem mostrar o mundo como ele é,
Para que nós possamos modificá-lo,
Se expressa estar abaixo da dignidade do Homem
Enganar (9, 777).

Brecht coloca o problema da ligação entre a cena de rua e uma cena de teatro:

> A voz do acidentado, para pinçar um detalhe, pode não ter tido importância no acidente. Uma diferença de opinião entre as testemunhas oculares sobre uma exclamação (cuidado!) enunciada pelo acidentado ou por algum transeunte pode levar aquele que faz a demonstração a imitar-lhe a voz. A questão pode ser decidida ao se demonstrar que a voz era de um ancião ou de uma mulher, soava alto ou baixo. Mas a resposta pode depender também de se descobrir se a voz era de um homem culto ou inculto. Voz alta ou baixa pode ser de grande importância, pois, conforme ela seja, o motorista pode ter maior ou menor culpa. Uma série de características do acidentado precisa ser representada. Ele estava distraído? Sua atenção foi desviada? (16, 549)

Segundo Brecht, a "imitação é um resumo ou um recorte" (16, 550). A diferença em relação à cena de teatro é que cabe a esta resumir recortes maiores. "Ela também deve favorecer a crítica, tornando-a ainda possível em face de processos muito mais complexos. Ela deve permitir crítica positiva e negativa diante de um único e mesmo acontecimento" (16, 550).

O importante é que "também na demonstração na esquina de rua existem elementos artísticos. Em todos os homens se encontram graus mínimos de capacidades artísticas" (16, 555).

"Cena de rua" é, portanto, um texto modelar, que permite partir de experiências pessoais ainda abertas e desestruturadas. O exemplo principal no texto de Brecht é um "acidente de trânsito", que deve ser reconstruído e imitado. O princípio pode ser generalizado – existem vários tipos de "acidentes" (por exemplo, conflitos vivenciados por um grupo na escola). Desse modo, torna-se possível estabelecer a relação com outros acontecimentos que fazem parte do cotidiano. A "cena de rua" enseja assim, através de transposições, um procedimento de reconstrução que torna visível e articulada a realidade de um determinado lugar, de um determinado grupo. A questão que se coloca é a de saber se as cenas assim estruturadas (dramaturgia elaborada pelo grupo/coletivo)

110 BRECHT: UM JOGO DE APRENDIZAGEM

mantém as características do *gestus* social. A mera transposição de experiências do cotidiano pode ser tomada como equivalente a um procedimento que está mais próximo ao *role-playing* do que das características de uma prática com a peça didática. O que diferencia o procedimento brechtiano é exatamente o caráter estético do experimento.

Em um texto denominado *Observação da Arte e Arte da Observação*, onde reflete sobre o processo de fruição estético na escultura, Brecht afirma:

> É uma opinião antiga e fundamental que uma obra de arte deve influenciar todas as pessoas, independentemente da idade, *status* ou educação (...) todas as pessoas podem entender e sentir prazer com uma obra de arte porque todas têm algo de artístico dentro de si (...) existem muitos artistas dispostos a não fazer arte apenas para um pequeno círculo de *iniciados*, que querem criar para o povo. Isso soa democrático, mas, na minha opinião, não é totalmente democrático. Democrático é transformar o *pequeno círculo* de iniciados em um *grande* círculo de iniciados. Pois a arte necessita de conhecimentos. A observação da arte só poderá levar a um prazer verdadeiro, se houver uma arte da observação. Assim como é verdade que em todo homem existe um artista, que o homem é o mais artista dentre todos os animais, também é certo que essa inclinação pode ser desenvolvida ou perecer. Subjaz à arte um saber que é um saber conquistado através do trabalho (18, 272).

Brecht propõe, através dos procedimentos com a peça didática, uma "literarização" do espectador/atuante. O espectador não mais acorre acidentalmente ao teatro. Ele participa de um processo de aprendizagem.

Os instrumentos didáticos propostos por Brecht – *modelo de ação* e *estranhamento* – têm por objetivo a educação estético-política. A peça didática não é uma cópia da realidade, mas sim um *quadro* (recorte), no sentido de representar uma metáfora da realidade social (em oposição ao "drama histórico", as peças didáticas passam-se em lugares distantes – China, Roma etc.). O caráter estético do experimento com a peça didática é um *pressuposto* para os objetivos da aprendizagem. Resultam daí as conseqüências para a forma de atuação. Em oposição a um processo de identificação e/ou redução do texto da peça didática ao plano da "experiência" (o que poderia ser provocado por um processo de simples role-playing), o objetivo da aprendizagem *é unir a descrição da vida cotidiana à evocação da história*, sem reduzir uma à outra, mas sim com vistas ao reconhecimento de características que são típicas e que podem ser identificadas em uma determinada situação social. O estranhamento, entendido como

DIDÁTICA 111

procedimento didático-pedagógico, visa exatamente possibilitar, pelos meios do jogo teatral, o conhecimento veiculado pela forma estética que está prefigurada no "modelo de ação".

EFEITOS DE ESTRANHAMENTO

Os *V-Effekte* (efeitos de estranhamento) são meios utilizados por Brecht. Enquanto meios, eles não são nem novos, nem originais. Brecht herdou todas as tradições (Idade Média, Barroco etc.). Enquanto meios, constituem uma seqüência de procedimentos, que podem ser assim descritos.

Relação do Ator com seu Público

No contexto do trabalho com a peça didática, é esclarecedora uma observação escrita para o apêndice do *Nova Técnica da Arte de Interpretação* (*Neue Technik der Schauspielkunst*), por volta de 1935-1941:

> A relação do ator com seu público deve ser a mais livre e direta possível. Ele tem simplesmente algo a comunicar e apresentar, devendo a atitude daquele que quer estabelecer uma comunicação e realizar uma apresentação ser subjacente a tudo o que faz. Aqui ainda não faz diferença se a sua comunicação e apresentação ocorrem em meio ao público, na rua, em uma sala de estar ou no palco, esse tablado reservado e construído em função da comunicação e apresentação. Não faz diferença se ele já está metido em uma vestimenta especial e preparou a sua máscara – a razão para tanto ele pode explicar com antecedência ou depois, (...) alguém apenas se prontifica a entrar em cena e mostrar alguma coisa publicamente. Ele vai imitar outro ser humano, mas não como se fosse esse homem, não com o intuito de esquecer-se de si mesmo. Sua individualidade é preservada como a de uma pessoa qualquer, diferente das outras, com seus traços próprios, semelhante assim a todas as outras que observa (15, 349).

Citação

De acordo com Benjamin, "a observação das grandes literaturas canônicas, sobretudo da chinesa, mostrou a Brecht que a exigência suprema que ali é feita ao que está escrito é a de ser passível de ser citado"[11].

> O ator traz o seu texto não como uma improvisação, mas como uma citação (15, 344). O ator "cita uma figura, é testemunha de um processo. Nada impede

11. Walter Benjamim, *Versuche über Brecht*.

112 BRECHT: UM JOGO DE APRENDIZAGEM

que ele se coloque, quando a figura pronuncia momentaneamente suas palavras: sua atitude contém em si uma contradição – o ator fala no passado, a figura, no presente. Existe ainda uma segunda contradição, e ela tem importância ainda maior. Nada impede que o ator impregne a figura com aqueles sentimentos que ela deve possuir; ele mesmo não é frio, também desenvolve sentimentos, mas não são necessariamente os mesmos da figura. Digamos que a figura diga algo que acredita ser verdadeiro. O ator pode expressar, deve poder expressar que isso não é verdadeiro, ou que o enunciado dessa verdade é fatal e assim por diante" (15, 352).

A consciência de que o jogo de cena, assim como o texto falado, é uma citação, acrescenta uma nova dimensão à atuação – em lugar do simples desempenho de um papel (processo de identificação), o jogador coloca-se ao lado do papel, apontando para ele. Brecht elucida o princípio no discurso poético:

Nós (os artistas) falamos textos alheios
mas os namorados
os vendedores
também aprendem textos alheios
e com freqüência
todos vocês citam ditados (9, 769).

Brecht indica três recursos que visam provocar o "estranhamento":

1. a transposição para a terceira pessoa:
2. a transposição para o passado;
3. a verbalização de rubricas e comentários (15, 344).

A transposição para a terceira pessoa é recomendada por Brecht para desenvolver a atitude que torna possível a "citação". O atuante experimenta o seu papel ora na primeira, ora na terceira pessoa. "Ele levantou-se e disse, enraivecido, pois não havia almoçado... ou Ele ouviu isso pela primeira vez e não sabia se era verdade... ou Ele sorriu e disse despreocupadamente..." (15, 344).

A verbalização das rubricas na terceira pessoa tem por efeito que dois tons de voz entrem em choque, sendo que o segundo (o texto em si) é estranhado. Além disso, a forma de atuação é estranhada, ao ser efetivada depois de ter sido assinalada e anunciada. A transposição para o passado coloca o enunciador em um ponto a partir do qual olha para a frase como se ela estivesse atrás de si. Com isso, a frase é estranhada sem que o enunciador assuma um ponto de vista irreal, pois concluiu a leitura do texto, em oposição ao ouvinte, e pode, a partir do final, das conseqüências, julgar melhor a frase do que aquele que sabe menos, a quem a frase é mais estranha (15, 344).

DIDÁTICA   113

No procedimento de trabalho com a peça didática, o jogador/atuante encontra-se na mesma situação privilegiada que o ator diante da platéia. Em função da experimentação com o texto da peça didática, ele irá investigar um modelo de comportamento, atitude, gesto e seu conteúdo de significação e efeitos históricos.

Também a transposição para o passado foi desenvolvida por Brecht como um exercício para atores: a ação que se passa no presente deve ser apresentada como se tivesse acontecido no passado, de forma que o ator ganhe distância em relação a ela, aprenda a formar um conceito e a reconheça como transitória e, portanto, como modificável.

Igualmente um exercício para atores, a verbalização de rubricas e comentários visa mostrar que a palavra é a expressão de uma atitude (que se expressa também corporalmente) e resulta de ações.

Fixação do Não/Porém

Outro recurso promovido por Brecht é a "fixação do não/porém" (*nicht/sondern*) que possui duplo significado: em vista de acontecimentos passados (representados cenicamente), ele deve tornar claro que aquilo que ocorreu, uma vez, não é (mais) e foi substituído por uma nova realidade; diante de acontecimentos presentes, trata-se de evidenciar as suas contradições e mostrar que a decisão por uma ação determinada significa também uma decisão tomada em detrimento de outras ações. Através da fixação do "não/porém", Brecht pretende evitar que aquilo que é mostrado como ação e acontecimento seja apresentado como necessário, sem alternativa. O mundo (e também a poesia) não é aceito como dado – ele deve ser observado, julgado e, eventualmente, condenado, para que novas possibilidades possam ser realizadas. A fixação do "não/porém" acarreta também conseqüências na linguagem. A palavra poética não é mais absoluta, não se separa da ação, ela se relaciona constantemente com a ação. A poesia é expressão da ação. A alternativa, a possibilidade de uma outra conduta, é nomeada e, assim, a conduta efetiva é encenada e iluminada de uma outra maneira.

Aquilo que ele *não* faz deve estar contido e colocado em suspenso naquilo que faz. Dessa forma, todas as frases e gestos são decisões, a personagem fica sob controle e é testada. A expressão técnica para esse procedimento é: fixação do não/porém (15, 343).

114   BRECHT: UM JOGO DE APRENDIZAGEM

Cena de Julgamento

Brecht propõe, através do texto de algumas peças didáticas (*A Decisão, A Exceção e a Regra*), cenas que transformam o ato teatral em sala de julgamento[12].

Canções

Tradicionalmente os *Lieder* (canções) introduzidos na dramaturgia só se justificavam (na tradição romântica) quando resultavam imediatamente da ação, pertencendo, portanto, àquilo que era representado. Brecht, ao contrário, exige uma "separação dos elementos" (15, 473). As canções devem ser apresentadas com uma atitude totalmente diferente da que preside à ação dramática. A canção resume a ação precedente (ela é repetida como citação, acentuando que não está mais presente), faz o comentário. Através da canção é dada a possibilidade de "sair do papel" e tomar partido em relação a ele. (Um exemplo clássico está em *Mãe Coragem*, onde as canções resumem experiências, refletem, enquanto a personagem, ao contrário, age sem atingir a compreensão.)

Jogo da Troca de Papéis

A capacidade de estar ao mesmo tempo dentro e fora do papel e ser, portanto, capaz de "apontar" para o papel representado, é o cerne do conjunto dos meios utilizados por Brecht para atingir o efeito de estranhamento.

Um bom exercício consiste em um ator ensinar a representação de seu papel a um aluno, a um ator do sexo oposto, ao parceiro, a um cômico etc. (15, 342).

12. A concepção de "teatro foro" de Augusto Boal tem sua origem na peça didática de Brecht. "O teatro foro é uma forma de jogo criativa, que incorpora atores e espectadores." Conteúdos desse teatro são as experiências do cotidiano e as situações de vida dos participantes. "O teatro foro provoca uma catarse, desperta o desejo de transformar a realidade", afirma Boal sobre a sua forma de teatro, que deve ser vista como "um ensaio para a libertação de qualquer opressão no plano da realidade." Ao lado do "teatro invisível" e do "teatro jornal", que constituem formas do "teatro do oprimido", o "teatro foro" visa à "libertação e ao desenvolvimento das capacidades oprimidas e mutiladas, através de

DIDÁTICA 115

Um método simples para estranhar o *gestus* consiste em separá-lo da mímica. Basta colocar uma máscara e acompanhar seu jogo no espelho. Dessa forma, torna-se fácil chegar a uma seleção de gestos, ricos em si mesmos. É justamente o fato de os gestos serem selecionados que provoca o "efeito de estranhamento". Algo da atitude que o ator assumiu diante do espelho deve ser incorporado no jogo (15, 370).

Outros recursos são a imagem fotográfica e o filme.

Brecht propõe o jogo da troca de papéis através do texto da peça didática, onde se encontram indicações, como já foi exemplificado através de *Kung e o Pote de Gengibre* e exige literalmente (*A Decisão*) que todos os participantes passem de um papel ao outro e assumam sucessivamente o lugar de acusados, acusadores, testemunhas e juízes.

O princípio da troca de papéis (ver o próprio papel representado pelo outro) tende a desenvolver maior objetividade.

Através das *Indicações para os Atores* (*Anweisungen an die Schauspieler*) (15, 409), percebe-se sempre o homem prático de teatro que sistematiza a partir da sua experiência. Os exercícios para atores (15, 423) são de caráter eminentemente prático:

a. Arte da prestidigitação, inclusive a atitude dos espectadores.
b. Para mulheres: colocar roupa de molho e dobrá-la. O mesmo para os homens.
c. Para homens: diversas posturas do fumante. O mesmo para as mulheres.
d. Um gato que brinca com um novelo.
e. Exercícios de observação.
f. Exercícios de imitação.
g. Prática de relatório. Anotações de gestos, tons de voz.
h. Exercícios de fantasia. Três jovens jogam dados, apostando sua vida; um deles perde; então: todos perdem.
i. Dramatização do estilo épico. Trechos da Bíblia.
j. Para todos: o tempo todo exercícios de direção. Deve-se mostrar o colega.
k. Exercícios de temperamento. Situação: duas mulheres estão ocupadas em dobrar roupa, calmamente. Elas simulam para seus maridos uma briga causada por ciúmes. Os homens estão sentados no quarto ao lado.
l. Elas brigam efetivamente, ao dobrar a roupa em silêncio.
m. O jogo se transforma em algo sério.
n. Apostar para ver quem troca de roupa mais rapidamente, atrás do biombo, aberto.

um teatro no qual o espectador é incorporado ativamente, pois *assistir* é apenas outra forma de opressão". O "teatro do oprimido" de Boal foi desenvolvido no contexto das campanhas de alfabetização na América Latina.

o. Modificações a partir de imitação, descrevê-las apenas para que possam ser realizadas por outros.

p. Leitura rítmica (de versos).

q. Comer com talheres muito grandes.

r. Diálogos no disco: frases gravadas, as réplicas são ditas livremente.

s. Procura de pontos nodais da intriga.

t. Caracterização do parceiro.

u. Improvisação de incidentes. Ler o texto todo, fazendo referências às cenas, sem o texto.

v. O acidente de trânsito.

x. Variações: "um cão foi à cozinha" (15, 423).

Nas *Indicações para os Atores*, Brecht enfatiza o exercício da observação, em que vários procedimentos sublinham a importância da imitação de gestos e atitudes. De acordo com Brecht, o princípio da improvisação, presente em vários itens, constitui para o ator uma forma de exercício, que propicia ir além do texto, com o objetivo de voltar a ele, incorporando novos elementos, assim conquistados.

Ao observar os meios utilizados a fim de atingir o "estranhamento", verificamos que eles constituem recursos, desenvolvidos pelo autor e diretor, para favorecer uma aproximação de sua dramaturgia. Preexiste à didática brechtiana o princípio dialético que supõe constante movimento de transformação. A forma do processo é privilegiada, sendo o produto resultado dos *re*conhecimentos alcançados no percurso, através da incorporação da dialética, transformada em método de pensamento.

Os instrumentos didáticos indicados por Brecht – "estranhamento" e "modelo de ação" – precisam ser utilizados com vistas a refazer o processo, o qual será imprevisível em relação aos seus resultados, já que constitui experiência singular cada vez que se desenvolve, para cada indivíduo e com cada grupo. Os meios utilizados devem, portanto, ser adequados, em função de realidades históricas e sociais distintas. Ao analisar os meios utilizados por Brecht, é possível verificar que os conceitos e princípios que orientam a sua prática revelam técnicas complexas, exigindo respostas de alto nível e requerendo recursos de atuação que, embora não estejam necessariamente fundamentadas em "técnicas" de interpretação, pressupõem ao menos uma primeira familiarização com o processo de improvisação teatral.

Embora Brecht se refira ao "teatro épico natural" e recorra constantemente a exemplos do cotidiano, eles são trazidos a título de ilustração de princípios filosóficos e artísticos. Evidencia-se a necessidade de uma abordagem mais específica para o processo educacional, onde sejam estabelecidos graus intermediários, visando a permitir a iniciação do jovem ou leigo em teatro. Com vistas a esse processo de iniciação, é preciso proceder ao aprofundamento do jogo teatral, no sentido de verificar de que forma a peça didática comporta uma abordagem a esse nível. Torna-se necessário estabelecer também o reverso – de que forma o texto (modelo de ação) pode ser introduzido no processo de desenvolvimento do jogo?

4. O Jogo Teatral

*Sobre um Desenho Japonês que Representa um Teatro de Bonecos
onde Crianças se Apresentam Diante de Crianças*

Ai!
Brincando em cima de mesas
Crianças mostram o que viram

Como o Homem se comporta perante
O Homem
Sendo lobo do Homem

Ali,
um deles se ajoelhando diante do outro

Quatro se esforçavam em mostrar o que viram
Apenas dois permaneceram
Os outros dois correram
Cheios de medo.

Logo mais
os infelizes jogadores
terão perdido também o seu direito de cidadania.

Bertolt Brecht

A "REVOLUÇÃO COPERNICANA"

No modelo epistemológico de Jean Piaget, a criança estabelece uma relação dialética com a realidade. Nessa relação, ela constrói constantemente conhecimento através da "assimilação" de novos fenômenos no seu sistema de "esquemas" – sua estrutura cognoscente. Ao mesmo tempo, "acomoda" ou ajusta esses esquemas para atualizar e incorporar observações e informações novas – tanto físicas quanto sociais. Nesse processo, a criança passa de uma construção da realidade "egocêntrica" ou subjetiva para uma concepção da realidade descentrada do eu. O resultado da interação da criança com o ambiente é a estruturação do conhecimento. A relação da criança com seu ambiente social é *cognitiva* – envolve pensamento e interação simbólica.

Na abordagem piagetiana para o desenvolvimento intelectual, a "função simbólica" é constituída pela conjunção entre a imitação efetiva ou mental de um modelo ausente e as significações fornecidas pela assimilação. Portanto, a imitação constitui apenas uma das fontes da representação, à qual fornece seus "significantes" imaginados. O jogo, ou atividade lúdica, conduz igualmente da ação à representação, à medida que evolui, de sua forma inicial de exercício sensório-motor, para a sua segunda forma de jogo simbólico ou jogo de ficção. Enquanto o jogo se caracteriza como a assimilação ao eu, a imitação é a acomodação mais ou menos precisa aos modelos exteriores. O jogo transforma o real, por assimilação, mais ou menos pura, às necessidades do eu.

O jogo simbólico representa o pólo da assimilação no pensamento. Esse não pode ser, desde o início, equiparado ao pensamento lógico e racional, porque esse pensamento não se acha ainda construído durante a primeira infância. O pensamento mais lógico e adaptado de que a criança pequena é capaz, ainda é pré-lógico ou egocêntrico. O jogo simbólico é o pensamento egocêntrico em estado puro. A assimilação do real ao eu é, para a criança, uma condição vital de continuidade e desenvolvimento, por causa do desequilíbrio de seu pensamento. O simbolismo oferece a linguagem viva, pessoal e dinâmica, indispensável à criança, à medida que constitui o único recurso que ela possui para exprimir a sua subjetividade, que é intraduzível na linguagem coletiva.

No decurso do segundo ano, surge um conjunto de condutas que consistem em poder representar um significado por meio de um significante diferenciado e que só serve para essa represen-

O JOGO TEATRAL 121

tação. Piaget[1] distingue cinco condutas, de aparecimento mais ou menos simultâneo, e as enumera na ordem de complexidade crescente: imitação diferida, jogo simbólico ou jogo de ficção, desenho ou imagem gráfica, imagem mental e evocação verbal (linguagem).

A linguagem, ao contrário dos outros instrumentos semióticos, que são elaborados pelo indivíduo à proporção que surgem suas necessidades, já está elaborada. Ela começa a aparecer na criança ao mesmo tempo que as outras formas do pensamento simbólico. Os progressos do pensamento representativo são, portanto, devidos à "função simbólica" em cojunto. É ela que distingue o pensamento da ação e cria a representação.

Em *O Julgamento Moral na Criança*[2], Piaget analisa como evolui a prática e a consciência da regra do jogo na criança. Ele distingue dois tipos de realidades: morais e sociais. De um lado, está a obrigação e o respeito unilateral que caracterizam a criança pequena. No jogo, ela não se preocupa com os parceiros e confunde sua fantasia com a universalidade. O egocentrismo é présocial relativamente à cooperação ulterior da criança de mais idade. Quanto mais jovem for a criança, menos terá consciência do seu eu. O adulto lhe impõe suas opiniões e vontades, e a criança as aceita sem se dar conta delas. Do ponto de vista intelectual, mistura sua fantasia com as opiniões recebidas.

Entre os dois e os cinco anos, as crianças são conservadoras, no domínio das regras. Estas são consideradas sagradas e imutáveis. As crianças dessa idade se recusam a mudar as regras do jogo e consideram toda modificação, mesmo aceita por todos, ilegítima. Os exemplos citados por Piaget mostram que as regras são consideradas sagradas e imutáveis porque participam da autoridade paterna – inventar consiste, por assim dizer, em descobrir em si uma realidade eterna e preexistente; as inovações não são consideradas verdadeiras inovações.

Existe uma contradição aparente nessa fase. Se por um lado a criança faz o que quer, na prática da regra, por outro insiste em que as regras sejam sempre idênticas – que se devem à autoridade adulta, chegando a um respeito místico por elas, sem aceitar mudanças que alteram a tradição. Somente a cooperação é capaz de superar essa visão de mundo, mas para chegar a ela é preciso

---

1. Jean Piaget, *Psicologia da Criança*, São Paulo, Difel, 1982, p. 46.
2. *Idem, O Julgamento Moral na Criança*, São Paulo, Mestre Jou, 1977.

122 BRECHT: UM JOGO DE APRENDIZAGEM

que o indivíduo se situe em relação aos outros e que haja igualdade intelectual e reciprocidade.

O processo evolutivo do jogo infantil mostra que o símbolo na criança se desenvolve através de fases que conduzem a uma aproximação crescente do real. A evolução do símbolo no jogo acompanha o processo de socialização e é por ele determinado. Inicialmente, quando as crianças jogam juntas, não se registram transformações internas na própria estrutura dos símbolos. Entre os quatro e os sete anos, começa a haver diferenciação e ajustamento de papéis. A ordenação de cenas do jogo e a seqüência de idéias no decurso do diálogo evidenciam o progresso da socialização. Entre os quatro e os sete anos, o símbolo vai perdendo seu caráter de deformação lúdica e se aproxima mais do real, até avizinhar-se de uma simples representação imitativa da realidade. É através do nascente sentido de cooperação e de troca entre os pares que o simbolismo individual se transforma no sentido de imitação objetiva do real.

O desenvolvimento que vai do símbolo analógico da criança de dois anos até o realismo dos oito anos é uma transição gradual. Nela alternam-se elementos analógicos, nos quais são introduzidos elementos de imitação exata do real.

À medida que a inteligência da criança se desenvolve, o processo de representação é interiorizado. A imaginação dramática, a faculdade de colocar-nos no lugar do outro ou em circunstâncias que não estão presentes fisicamente para os nossos sentidos, continuam por toda a vida e caracteriza grande parte de nosso pensamento quando estabelecemos hipóteses sobre o futuro, reconstruímos o passado ou planejamos o presente.

A atitude natural do pensamento é a crença. Só as operações formais (na adolescência) afastam verdadeiramente o pensamento da crença espontânea. No jogo não há estabelecimento de hipóteses e comprovação através de pensamento. A criança não acredita realmente no que joga. Quando uma criança, ao brincar de bruxa ou de lobisomem, acredita na personagem, o jogo cessa e ela provavelmente começará a chorar. As crianças distinguem logo cedo entre fantasia e realidade nos seus jogos simbólicos. *"Por oposição ao símbolo discursivo, o símbolo lúdico culmina na ficção e não na crença"*[3].

3. *Idem, A Formação do Símbolo na Criança*, Rio de Janeiro, Zahar, 1975, p. 214.

O JOGO TEATRAL 123

Os jogos simbólicos coletivos reforçam ou debilitam a crença, de acordo com a idade. Nas crianças menores, o jogo social é caracterizado pelo egocentrismo. Elas jogam sozinhas, sem se dar conta de seu isolamento. É evidente que a vida social enfraquece a crença lúdica, pelo menos sob a forma especificamente simbólica – caso esse jogo não seja desenvolvido culturalmente (teatro). O jogo sensório-motor inicia-se nos primeiros meses, e o jogo simbólico, no segundo ano de vida. A fase que vai dos sete/oito anos aos onze/doze anos caracteriza-se, segundo Piaget, pelo declínio evidente do jogo simbólico, em proveito do jogo com regras. O jogo simbólico chega ao fim com o próprio final da infância, enquanto o jogo com regras, que é ignorado pelas crianças pequenas, durará até a idade adulta. A idade do término dos jogos varia enormemente, pois aí intervém um fator de ordem cultural que se impõe às características da faixa etária.

As principais manifestações daquilo que se pode chamar de arte infantil devem, pois, ser consideradas tentativas sucessivas de conciliação entre as tendências próprias do jogo simbólico (o qual ainda não constitui arte no sentido estrito) e aquelas que caracterizam as formas adaptadas da atividade, ou, se se preferir, como síntese entre a expressão do eu e a submissão ao real. Quando nela se ativam o desenho, a representação teatral etc., a criança buscará satisfazer simultaneamente suas necessidades e adaptar-se tanto aos objetos como aos outros sujeitos. Ela continua, em um sentido, a expressar-se, mas também ensaia inserir aquilo que pensa e sente em um mundo de realidades objetivas e comunicáveis que constituem o universo material e social[4].

O que resulta da discussão precedente é que deparamos com três estruturas maiores que caracterizam o jogo infantil e dominam a classificação de detalhe: o *exercício*, o *símbolo* e a *regra*.

Piaget não vê diferença estrutural entre o jogo simbólico solitário e o simbolismo a dois ou a muitos. Com efeito, o simbolismo principia com as condutas individuais que possibilitam a interiorização da imitação (a imitação tanto de coisas como de pessoas), e o simbolismo pluralizado em nada modifica a estrutura dos primeiros símbolos. São os jogos agrupados da criança na fase simbólica, que se distinguem pelo monólogo coletivo. O grande passo do desenvolvimento da criança é a acoplagem do sistema simbólico à atividade real, fenômeno que ocorre durante o estádio das operações concretas que preparam o pensamento hipoté-

4. *Idem*, "A Educação Artística e a Psicologia da Criança", *in: Revista de Pedagogia*, jan.-jul. 1966, ano XIII, V. XIII, n. 31, pp. 137-139.

124 BRECHT: UM JOGO DE APRENDIZAGEM

tico-dedutivo (libertação do pensamento, agora operacional, da ação sensório-motora).

O símbolo lúdico transforma-se, pouco a pouco, em representação adaptada. Os símbolos coletivos são promovidos à categoria de *papéis*, sendo que, no curso do desenvolvimento, a regra supõe necessariamente relações sociais ou interindividuais. A partir desse momento, o jogo passa a ser coletivo (grupal).

A superação do pensamento simbólico (fantasia, faz-se-conta, intuição) só é possível mediante o seu confronto com a realidade prática, no sentido de colocar o pensamento, originalmente egocêntrico, *a serviço da ação* (previsão, pensamento hipotético, operacionalização, formalização etc.). Nesse confronto com o real o objeto privilegiado é o *outro* (interação) – o que equivaleria a dizer que o objetivo fundamental da práxis é a socialização.

É possível tirar conseqüências pedagógicas de tais constatações?

> É inútil pretender transformar do exterior o pensamento da criança, quando seus gostos de pesquisa ativa e suas necessidades de cooperação bastam para assegurar um desenvolvimento intelectual normal. Portanto, o adulto deve ser um colaborador e não um mestre, do duplo ponto de vista moral e racional. Mas inversamente, seria imprudente contar só com uma "natureza" biológica para garantir o duplo progresso da consciência e da inteligência, quando constatamos que toda norma moral assim como toda lógica são produtos da cooperação. Então, realizemos na escola *um meio tal que a experimentação individual e a reflexão em comum atuem uma sobre a outra e se equilibrem* (grifos meus)[5].

O "método ativo" propõe o pacto democrático, baseado no *respeito mútuo* e em regras *livremente deliberadas*. De acordo com Piaget, o agrupamento entre crianças oscila entre dois tipos de moral: a da *coação* ou da *heteronomia* e a de *cooperação* ou da *autonomia*. As tentativas de ação em conjunto (pacto democrático) resultam do crescente sentido de *cooperação*, e não atingem nunca um equilíbrio ideal ou estático. A consciência de si implica uma confrontação contínua do eu e do outro. Somente pelo contato com os julgamentos e avaliações dos outros é que a autonomia intelectual e afetiva cede lugar à pressão das *regras coletivas lógicas e morais*.

É importante ressaltar a *atividade* do sujeito nesse processo de aprendizagem, devendo igualmente ser enfatizado o equilíbrio que deve prevalecer entre a experimentação individual e a re-

---

5. *Idem, O Julgamento Moral na Criança*, p. 351.

O JOGO TEATRAL 125

flexão com o outro. Ora, a crítica nasce da discussão, e a discussão só é possível entre iguais – a cooperação realiza, portanto, aquilo que a coação intelectual é incapaz de realizar.

O jogo de regras apresenta precisamente um equilíbrio sutil entre a assimilação ao eu – princípio de todo jogo – e a vida social. Ao inserir a competição no código do jogo, através da disciplina coletiva, a assimilação lúdica é conciliada com as exigências da reciprocidade social. O jogo de regras constitui a *estrutura* dos "jogos de construção", como Piaget denomina essas atividades de criação, que ocupam uma posição intermediária entre o jogo e a elaboração inteligente, ou entre o jogo e a imitação. Elas não caracterizam uma fase de desenvolvimento do jogo, mas assinalam uma transformação interna na noção de símbolo. A representação dramática que evolui insensivelmente dos jogos simbólicos sofre, no jogo de construção, uma transformação interna, através das exigências de adaptação (requeridas pela regra e pelas relações interindividuais).

Entre as diversas definições de jogo, encontradas na bibliografia especializada, principalmente aquelas oferecidas pela linha de pesquisa desenvolvida nos Estados Unidos, denominada *creative dramatics*[6], é possível verificar que a diferenciação estabelecida por Viola Spolin entre *dramatic play* (jogo dramático) e *theatre game* (jogo teatral) é oposta àquela correntemente utilizada por

---

6. Pesquisas científicas revelam claramente que, tanto ao nível da formação de professores quanto na condução do processo com a criança, torna-se necessário um detalhamento de objetivos específicos, que conduzam à operacionalização do ensino do teatro.

Ann Marie Shaw denuncia a falta de clareza na definição da natureza e das metas do *creative dramatics* e teatro. A especificação dos objetivos educacionais e sua organização dentro de um sistema classificatório foi realizado a partir de Bloom (ver Benjamin Bloom, *Taxonomy of Educational Objectives. The Classification of Educational Goals*. New York, David Mc Kay Comp. Inc., 1964). Shaw resume as conclusões de seu estudo a respeito das necessidades no campo, analisados do ponto de vista privilegiado da taxonomia:

(...) a taxonomia não deixa dúvida quanto à disciplina à qual pertence o *creative dramatics* – o teatro. O fato de os objetivos educacionais revelarem claramente essa afinidade e ênfase não significa, no entanto, que os autores ou outros especialistas na área relacionem a razão de ser do *creative dramatics* e os significados que possui para a educação de crianças com o conteúdo e a metodologia da disciplina. É tempo de a área parar de descrever a si mesma através de frases vagas como uma *matéria de desenvolvimento da personalidade* ou por meio de *slogans* como o *creative dramatics visa à educação da criança como um todo* e começar a falar dos vários tipos de significados e maneiras de chegar a eles que ela engloba como matéria específica dentro da disciplina teatro (*in*: Ann Marie Shaw, "The Development of a

126 · BRECHT: UM JOGO DE APRENDIZAGEM

outros autores, podendo ser aproximada da abordagem piagetiana do jogo infantil.

Na definição de Spolin, *dramatic play* (jogo dramático) equivale a:

Atuar e/ou viver através de velhas situações de vida (ou de outra pessoa) para descobrir como se adequar a elas; jogo comum entre as crianças de maternal quando procuram tornar-se aquilo que temem, ou admiram, ou não entendem; o jogo dramático, se continuado na vida adulta, resulta de devaneios, identificação com personagens de filmes, teatro e literatura; elaborar material velho em oposição a uma experiência nova; viver a personagem; pode ser usado como uma forma simplificada de psicodrama; não é útil para o palco[7].

Enquanto *game* (jogo) é definido como segue:

Taxonomy of Educational Objective *Creative Dramatics* in the United States Based on Selected Writings in the Field". Dissertação de doutoramento, Columbia University, 1968, p. 187).

Karieth, ao discutir as conclusões de seu estudo para o desenvolvimento do pensamento criativo, confirmou que o orientador que disponha de formação e treinamento em teatro terá resultados superiores aos outros. Ele afirma que a liderança em *creative dramatics* "requer não apenas conhecimento do pensamento criativo, mas também conhecimento de e sobre teatro. O orientador que possui experiência e conhecimento teatral limitados está em desvantagem" (*in*: E. Karieth, "Creative Dramatics as an Aid Developing Creative Thinking Abilities". Escrito apresentado no Encontro sobre Teatro Experimental de Pesquisa, *Educational Theatre Journal*, (agosto, 1967, p. 14).

Siks, ao analisar termos, afirmações e processos básicos do *creative dramatics*, a partir de textos especializados, conclui que as autoridades fundamentam a atividade na arte do teatro, "mas nenhum dos autores fornece uma visão clara a respeito dos princípios teatrais sobre os quais fundamenta a prática do *creative dramatics*" (*in*: Geraldine Siks, "An Appraisal of Creative Dramatics", *Educational Theatre Journal*, dez., 1965, p. 331).

Winifred Ward tem a mais volumosa contribuição em escritos no campo do *creative dramatics*, entre 1890-1957. Seu livro *Playmaking with Children from Kindergarten to Highschool* (New York, Appleton-Century Crofts, 1957) tornou-se um texto-padrão no campo. Suas idéias produziram impacto considerável na Inglaterra e em todo o Reino Unido, além dos Estados Unidos, onde o termo passou a designar todo o movimento de teatro realizado com crianças.

Em 1954, Peter Slade publicou o livro *Child Drama* (University of London Press, 1954), baseado em trabalhos experimentais desenvolvidos durante vinte anos na Inglaterra. Veja em Ingrid Koudela, *Jogos Teatrais*, uma análise mais detalhada dos pioneiros do *creative dramatics* e o seu desenvolvimento por vários autores.

7. Viola Spolin, *Improvisação para o Teatro*, São Paulo, Perspectiva, 1979, p. 342.

O JOGO TEATRAL 127

Uma atividade aceita pelo grupo, limitada por regras e acordo grupal; divertimento; espontaneidade; entusiasmo e alegria acompanham os jogos; seguem *pari passu* com a experiência teatral; um conjunto de regras que mantém os jogadores jogando[8].

A diferenciação estabelecida entre *play* e *game* propõe a inserção da regra no conceito de jogo. Conseqüentemente, o *jogo teatral* não pode ser confundido com *jogo dramático*, à medida que o jogo teatral pressupõe um conjunto de princípios pedagógicos que constituem um sistema de trabalho.

O jogo teatral tampouco pode ser classificado como uma estrutura dentro da evolução genética do jogo na criança. Deve ser compreendido antes como um "jogo de construção" que se desenvolverá no sentido de uma linguagem artística (teatro).

Em oposição aos processos de identificação e memória afetiva que caracterizam o jogo dramático, a regra, que delimita o campo da atuação, gera contato com o ambiente e os parceiros de jogo. A passagem do jogo dramático para o jogo teatral pode ser comparada, portanto, à transformação do jogo subjetivo em jogo socializado. Em oposição à assimilação pura da realidade ao eu, que caracteriza o jogo simbólico, o jogo teatral propõe um esforço de acomodação, através da solução de problemas de atuação. No jogo teatral, a improvisação de cenas não constitui uma extensão da vida, mas sim a construção da forma estética. A partir da superação do egocentrismo, o jogo com regras constitui o fundamento do processo educacional com o jogo teatral e serve como veículo para a criação da realidade cênica.

Vários autores contribuíram para uma fundamentação teórica do sistema de jogos teatrais de Viola Spolin e demonstraram a importância de sua aplicação, principalmente com crianças e adolescentes. Significativo nesse debate é a importância atribuída ao teatro no processo educacional, como um meio de educação estética. Os jogos teatrais são, muitas vezes, relacionados com uma forma de aprendizagem cognitiva, afetiva e psicomotora que está embasada no modelo piagetiano para o desenvolvimento intelectual.

Charles Combs conclui, em sua análise sobre a epistemologia genética aplicada ao *creative dramatics*, onde propõe como modelares os trabalhos de Geraldine Siks, Dorothy Heathcote e Viola Spolin:

8. *Idem.*

128 BRECHT: UM JOGO DE APRENDIZAGEM

(...) a criatividade dramática proporciona à criança um meio de atividade adaptativa, que influencia sua descentralização cognitiva, social e moral. Mais ainda, é uma atividade realizada no contexto das artes, mais especificamente do teatro. Como tal, ela proporciona prazer estético, tanto quanto um desafio intelectual, através do qual a criança, como criador, ator, platéia e crítico, utiliza seus esquemas cognitivos e afetivos para estruturar a realidade objetiva[9].

Referindo-se aos jogos teatrais de Spolin, Hans Furth, especialista em Piaget, ao falar da criatividade dramática como fundamento para o pensamento criativo e social e para o desenvolvimento intelectual, afirma:

(...) a principal diferença entre o jogo simbólico da primeira infância e a representação improvisada está na aplicação controlada de esquemas cognitivos em todas as partes do corpo, em cada movimento e em cada seqüência de comportamento. As próprias crianças são as primeiras a perceber a diferença entre a brincadeira fantasista e a representação intencional. Da mesma forma como, nos exercícios de pensamento, as crianças não *brincavam*, mas estavam seriamente empenhadas na tarefa de pensar, também na representação não *simulam*, mas sim *dão vida* aos objetos[10].

A diferença estabelecida por Furth entre *simular* e *dar vida* a objetos provém da distinção feita durante o procedimento com os jogos teatrais (no início do processo a palavra não é introduzida no jogo) entre "fazer de conta" e "tornar real" ou entre "mostrar" e "contar" (*showing / telling*). Na avaliação dos jogos, enquanto o "fazer de conta" pode ser identificado com simular, o "tornar real" representa a criação de uma realidade cênica. O imaginário passa a existir, assume a concretude do sensível. A diferença entre *showing* e *telling* visa fazer com que o jogador mantenha contato com a realidade física do palco. As instruções dadas pelo coordenador, enquanto o jogo está em processo, pretendem atingir o organismo do atuante como um todo. Elas surgem espontaneamente, a partir daquilo que emerge na cena. O coordenador é "o olho e o ouvido da platéia" e, ao mesmo tempo, é um parceiro que participa do jogo teatral através da instrução. As instruções são enunciados diretos: "Compartilhe o quadro de cena!", "Veja os botões no casaco de João!", "Compartilhe a voz

9. Charles Combs, "A Piagetian View of Creative Dramatics: Delimited, Adaptative Play and Imitation", *in: Children's Theatre Review*, XXX, n. 2, primavera 1981, pp. 25-31.

10. Hans Furth, *Piaget na Sala de Aula*, Rio de Janeiro, Forense, 1972.

O JOGO TEATRAL   129

com a platéia!", "Estabeleça contato!", "Veja com o dedão do pé!", "Ouça com o nariz!"

Ao resgatar para o teatro o princípio de jogo, dá-se a ruptura da quarta parede. A origem dessa ruptura decorre da fonte na qual se abeberou Spolin – os jogos populares[11] – e está nos objetivos de seus princípios pedagógicos. Os jogos teatrais foram desenvolvidos como um meio para liberar a criança e o assim chamado ator amador de comportamentos rígidos e mecânicos de atuação. Organizado com o propósito de formar coordenadores para o trabalho em comunidades e bairros (Chicago), o sistema foi também aplicado a grupos de atores em *workshops* e ensaios de peças[12].

Os jogos teatrais constituem estruturas abertas. A regra do jogo teatral inclui a estrutura dramática (onde, quem, o quê) e o objeto (foco). O conteúdo do jogo é definido através de acordo de grupo. O foco (problema a ser solucionado) visa à alfabetização em uma linguagem artística (teatro).

Há, portanto, uma utilização múltipla para os jogos teatrais. O que determina a direcionalidade do processo é o conteúdo manifestado pelo grupo (onde, quem, o quê) e a abordagem crítica aplicada durante as avaliações.

O sistema oferecido por Spolin, ao mesmo tempo em que regula e abrange a atividade teatral, traz em si a possibilidade de sua própria superação. O sistema de jogos teatrais constitui, portanto, uma *antididática* que suscita uma questão: Como podemos ter uma forma planificada de ação, se queremos obter liberdade ao executá-la? O que é criação, se ela supõe sempre algum sistema ou ordem?

Quando existe um consenso de que todos aqueles que estão envolvidos no teatro devem ter liberdade pessoal para experimentar, isso inclui a platéia – cada membro da platéia deve ter uma experiência pessoal, não uma estimulação ar-

---

11. Viola Spolin remete ao treinamento que recebeu em jogos com Neva L. Boyd. Fundadora do Recreational Training School at Chicago's Hull House, lecionou sociologia na Northwestern University. Veja Neva Boyd, *Handbook of Recreational Games*, New York, Dover, 1945.

12. Margareth Croyden afirma que a influência de Viola Spolin foi determinante para o grupo Open Theatre. Joseph Chaikin, tendo trabalhado com Spolin no grupo Second City, em Chicago, introduziu princípios de teatro improvisacional que se tornaram a corrente dominante do Open Theatre (*in*: Margaret Croyden, *Lunatics, Lovers and Poets. The Contemporary Experimental Theatre*, New York, Delta Books, 1975).

130 BRECHT: UM JOGO DE APRENDIZAGEM

tificial (...) quando a platéia toma parte nesse acordo de grupo ela não pode ser concebida como umas massa informe, nem deveria viver a história de vida de outros ou se identificar com os atores e representar, através deles, emoções cansadas e gratuitas (...) quando nosso treinamento de teatro puder capacitar os futuros dramaturgos, diretores e atores a pensar no papel da platéia como indivíduos e como parte do processo chamado teatro, cada qual com direito a uma experiência significativa e pessoal, *não será possível que uma forma totalmente nova de teatro emerja?* (grifos meus)[13].

FISICIZAÇÃO

Se existe no sistema de jogos teatrais de Spolin uma influência direta de Stanislavski, que pode ser comprovada, ela deve ser buscada no instrumento da *physicalization* (fisicização).

(...) estamos interessados somente na comunicação física direta; os sentimentos são um assunto pessoal. Quando a energia é absorvida num objeto físico, não há tempo para "sentimentos". Se isso parece rude, esteja certo de que insistir no relacionamento objetivo (físico) com a forma de arte traz uma visão mais clara (...) o teatro não é clínica. Não deveria ser um lugar para reunir estatísticas (...) a energia retida no meio de se expor é liberada à medida que o jogador reconhece que ninguém está interessado em saber onde ele escondeu o cadáver (...)[14].

No processo de ensino, a abordagem intelectual ou psicológica é substituída pelo plano da corporeidade. O material do teatro, gestos e atitudes, é experimentado concretamente no jogo, sendo que a conquista gradativa de expressão física nasce da relação que deve ser estabelecida com a sensorialidade. Dessa forma, no decorrer do processo educacional, é atingida uma "objetividade" que almeja eliminar o mau hábito de utilizar o teatro como um instrumento de "acrobacia sentimental". Através da fisicização, a realidade cênica adquire textura e substância. É preciso ressaltar que esse procedimento nasce da forma do teatro improvisacional, que utiliza pouco ou quase nenhum material de cena, figurino ou cenário, prescindindo também do texto literário.

Stanislavski dedicou os últimos anos de sua vida a precisar a sua teoria das "ações físicas". Nela ele enfatiza a "vida corporal do papel", da qual nasce a "vida espiritual". Se a leitura de *A Preparação do Ator*[15] conduziu a uma imagem de Stanislavski

13. Viola Spolin, *Improvisação para o Teatro*, p. 14.

14. *Idem*, p. 16.

15. Constantin Stanislavski, *A Preparação do Ator*, Rio de Janeiro, Civilização Brasileira, 1968.

O JOGO TEATRAL   131

preocupado apenas com o "instrumento psíquico interior" (principalmente através do MÉTODO desenvolvido no Actors' Studio), em *A Criação do Papel* a mudança de ênfase é nítida:

> Basta que o ator em cena perceba uma quantidade mínima de verdade física orgânica, em suas ações ou em seu estado geral, para que, instantaneamente, suas emoções correspondam à crença interior na autenticidade daquilo que seu corpo está fazendo (...) é incomparavelmente mais fácil suscitar uma real veracidade – e a devida crença nessa verdade – no plano da nossa natureza física do que na região de nossa natureza espiritual[16].

O princípio das "ações físicas" era reconhecido pelo próprio Brecht como a mais importante contribuição de Stanislavski para um novo teatro:

> O método das ações físicas não causava dificuldades no Berliner Ensemble. Brecht exigia sempre que o ator mostrasse, principalmente nos primeiros ensaios, a fábula, o acontecimento, a atividade; seguro de que os sentimentos e a atmosfera então apareceriam (...) principalmente ao ouvirmos as últimas observações de Stanislavski, temos a impressão de que Brecht dele se aproxima, talvez de maneira inconsciente, simplesmente na procura de uma construção realista (16, 844)[17].

De acordo com Brecht, "as diferenças entre os dois sistemas começam em um *degrau bastante alto* da representação da realidade que o ator faz do homem (grifos meus) (16, 862). Se, do

16. *Idem, A Criação de um Papel*, Rio de Janeiro, Civilização Brasileira, 1972.

17. Brecht deteve-se duas vezes na aproximação de Stanislavski. A primeira vez foi na década de 30 e, depois, no início dos anos 50. A primeira ocorreu de forma distanciada e, até mesmo, negativa. Os métodos de encenação do teatro naturalista comprometeram o efeito esperado de uma encenação de *A Mãe*, em New York. Hans Eisler declarou considerar a montagem "uma caricatura bolchevista" (Hans Eisler, *Musik und Politik. Schriften 1924-1948.* Leipzig, 1973, p. 359). A segunda ocorreu já no Berliner Ensemble. "Como nessa época os ensinamentos de Stanislavski foram fortemente divulgados por uma grande quantidade de livros, brochuras e publicações em revistas – ainda que sem diferenciação histórica – Brecht conquistou de forma produtiva e crítica conhecimentos sobre a criação do ator que haviam ficado fechados para ele ou dos quais se aproximara de forma unilateral. Sem negar diferenças, evitou uma confrontação de seu método com o de Stanislavski, abrindo, assim, caminho para a aproximação metodológica, o que favoreceu por muito tempo a apropriação tanto prática quanto teórica de Stanislavski na RDA" (*in: Notate 5* Informations und Mitteilungsblatt des Brechtzentrums der DDR, set., 1985, p. 6).

132 BRECHT: UM JOGO DE APRENDIZAGEM

ponto de vista artístico, as diferenças são grandes, nada impede uma aproximação com vistas a objetivos pedagógicos. Indagado sobre se os dois sistemas poderiam ser complementares, Brecht responde, com cautela:

> Acredito que sim, mas quero expressá-lo com cuidado até que conheçamos melhor o sistema Stanislavski. Esse sistema necessita, na minha opinião, de outro sistema ainda, que possa servir-se do círculo de tarefas do meu. Teoricamente, isso poderia ser talvez adquirido a partir do sistema stanislavskiano. Não sei se aquilo que fosse assim conquistado seria ainda semelhante ao meu (16, 865).

Considerando que as diferenças entre os dois sistemas se iniciam "num degrau bastante alto" e que o teatro didático de Brecht contém uma teoria do jogo, torna-se possível efetuar uma aproximação que permita a incorporação de novos elementos teórico-práticos para o exercício com a peça didática.

A relação dialética estabelecida por Piaget entre "acomodação" (imitação) e "assimilação" (jogo) fornece o princípio que fundamenta tal aproximação. O desenvolvimento do jogo na criança comprova "que o jogo simbólico não chegará à sua forma final de imaginação criadora a não ser que se reintegre no pensamento global: oriundo da assimilação, que é um dos aspectos da inteligência inicial, o simbolismo faz desabrochar primeiro essa assimilação num sentido egocêntrico; depois, com o progresso duplo de uma interiorização do símbolo no sentido da construção representativa e de uma expansão do pensamento conceitual, a assimilação simbólica se reintegra no pensamento sob a forma de imaginação criadora"[18].

A assimilação simbólica (jogo) é, portanto, fonte de imaginação criadora, por oposição à acomodação ao real e à verificação lógica ou experimental. Os "jogos de construção" caracterizam-se como atividades de *comportamento adaptado*, fruto da transformação interna do símbolo, que é resultante do equilíbrio entre expressão da subjetividade e submissão ao real.

Se a passagem do jogo simbólico para o jogo com regras é equivalente à "revolução copernicana" que se processa no indivíduo ao passar da relação de dependência para a independência (socialização), o objetivo de trabalho com a peça didática propõe a ampliação desse objetivo educacional. Em uma entrevista, Bre-

18. Jean Piaget, *A Formação do Símbolo na Criança*, Rio de Janeiro, Zahar, 1975, p. 199.

O JOGO TEATRAL 133

cht declara que o seu sistema (teatro dialético), de um ponto de vista stanislavskiano, poderia ser descrito como relacionado ao "superobjetivo" (16, 866). No processo educacional, o superobjetivo é a consciência do homem (e do adolescente) enquanto ser social e histórico.

O jogo constitui o eixo do processo de desenvolvimento da representação dramática. Sua evolução, que decorre dos jogos simbólicos da primeira infância, caracteriza-se inicialmente como um procedimento de teatro improvisacional. No início do processo de jogo não está, portanto, o texto (a peça didática). Este argumento pode ser corroborado pelos estudos realizados sobre experimentos com a peça didática na Alemanha Ocidental, onde se revelou uma constante – no início do processo de jogo é enfatizado o objetivo pedagógico da reconquista de formas de expressão sensório-corporais "através de exercícios especiais, comuns de tipo ginástico, teatral e de dinâmica de grupo"[19]. Esta "descoberta", feita na Alemanha no final da década de 70, diferencia a documentação de tentativas anteriores, realizadas sobre experiências com a peça didática, que muitas vezes foram frustradas, porque faltava a sensibilização do próprio corpo. Essa constatação levou a novas possibilidades de trabalho com a peça didática, sendo hoje considerada fundamental a *reconquista de formas de expressão sensório-corporais*. "O restabelecimento da sensorialidade como parte integrante e essencial da subjetividade sensória é um pressuposto para a elaboração de inúmeros problemas sociais"[20]. Já em Brecht encontramos formulado o princípio de *formação da sensorialidade*:

> A formação nas artes atléticas (dança, esgrima, boxe) é sem dúvida importante para o ator à medida que deve aprender a dominar o corpo. No entanto, é ainda mais importante que ele aprenda a comunicar o gesto com o corpo todo, para o que é necessária uma *formação da sensorialidade*. Educar o corpo como um instrumento não é isento de perigo – *ele não deve ser apenas objeto como também sujeito da arte* (grifos meus) (15, 424).

Brecht ressalta ser importante para o ator comunicar o gesto com o corpo todo. Poderíamos acrescentar que antes do *gestus*,

19. Koch/Steinweg/Vassen, *Assoziales Theater*, Colônia, Promotheverlag, 1983, p. 12.

20. Heidefuss/Steinweg/Petsch, *Weil wir ohne Waffen sind*, Frankfurt, Brandes & Apsel, 1986, p. 35.

BRECHT: UM JOGO DE APRENDIZAGEM

está a percepção dos gestos, a ser desenvolvida através de aprendizagem. Conforme verificamos, Brecht propõe dois instrumentos didáticos, quais sejam, o próprio texto da peça didática e o "estranhamento", meio desenvolvido pelo autor para favorecer uma *aproximação* à sua dramaturgia.

O princípio de corporeidade, como fator determinante de processos de percepção e aprendizagem, propõe que os procedimentos para atingir o "estranhamento" se iniciam no plano sensorial, com vistas ao descondicionamento de ações que se fizeram rotina e de hábitos de percepção que se tornaram automatizados. Chklovski, ao diferenciar entre a linguagem literária e a prosaica, indica que o *processo de percepção* é na arte um fim em si mesmo e deve ser prolongado, sendo a arte um meio para vivenciar o fazer. Ele afirma que o "estranhamento" visa ao rompimento da automatização das percepções.

> Ao clarificar as leis gerais da percepção, vemos que as ações, quando nos acostumamos com elas, se tornam automatizadas. Desta forma, todos os nossos hábitos recaem no campo do inconsciente automatizado; se alguém se lembra das sensações que teve, ao segurar pela primeira vez uma caneta ou ao falar pela primeira vez uma língua estrangeira, e compará-las às que tem ao realizar essas ações pela décima milionésima vez, irá concordar conosco. Através do processo de automatização, explicam-se as leis da nossa linguagem corrente com suas frases incompletas e palavras pronunciadas pela metade[21].

Cumpre acrescentar que o jogo pode contribuir de forma decisiva para o rompimento de comportamentos condicionados. Característica de todo jogo de regras é trazer, intrinsecamente, um *problema a ser solucionado*. Ocorre assim a quebra da "quarta parede", uma vez que, no processo de ensino, é rompido o ato da identificação na relação palco/platéia, sendo substituído pelo papel ativo dos espectadores. Os observadores passam a ser integrantes do grupo, na qualidade de sujeitos envolvidos na solução de um problema de atuação. O princípio lúdico conduz a uma atuação descentrada do eu. Sendo este um traço fundamental do jogo, a sua comprovação pode ser buscada, desde a sua gênese, na criança. De acordo com Piaget, por oposição ao símbolo discursivo, o símbolo lúdico culmina na ficção e não na crença. Por outro lado, deve haver no processo de jogo um fator de identifi-

---

21. Viktor Chklovski, "Die Kunst als Verfahren", *Texte der russischen Formalisten – 1*, Munique, Wilhelm Finck Verlag, 1969, p. 13.

O JOGO TEATRAL   135

cação, a partir do qual o conteúdo do jogo é definido, mediante acordo grupal, e referido ao universo de vida dos participantes.

Condição para a introdução efetiva da linguagem literária no processo de jogo é, por conseguinte, num primeiro momento, a quebra de resistências que se manifestam no plano de apreensão sensível. Chklovski cita uma frase de Tolstói, esclarecedora neste contexto:

> Quando toda essa vida complicada passa por muitos de forma inconsciente, então é como se a vida não houvesse existido[22].

A educação da sensorialidade, aliada aos procedimentos com o jogo, promove o campo dentro do qual o texto literário será introduzido. A peça didática visa completar o procedimento do "estranhamento". De acordo com Brecht, "estranhar significa historicizar, representar processos e pessoas como históricos, portanto transitórios". O procedimento da "historicização", também referido à contemporaneidade, inicia-se a partir da relação que o atuante (jogador) estabelece entre o texto e o seu universo de vida (cotidiano).

O MODELO DE AÇÃO

Ao mesmo tempo que o texto ("modelo de ação") é limitado, ele também é objeto da crítica – a poesia/literatura é apreendida de forma processual (ela não contém verdades em si mesma). Os "modelos de ação" são determinados, ou seja, nitidamente delineados, isoláveis em suas partes para que possam ser julgados ou imitados. Frases pouco claras e gradações dramáticas que exijam interpretações a partir do temperamento não têm lugar na peça didática. Característica do modelo é sua reprodutibilidade por qualquer pessoa. Por outro lado, o jogo teatral com base no texto de Brecht não é apenas um "desempenho de papéis" (*roleplaying*), que parte unicamente das experiências pessoais dos jogadores ou do contexto grupal. O texto é o móvel de ação, o pretexto e ponto de partida da imitação e crítica que são introduzidas na improvisação e discussão. O "modelo de ação" propõe aos jogadores um caso social que não se relaciona necessariamente com a experiência pessoal de cada participante (as peças didáticas

22. *Idem.*

136 BRECHT: UM JOGO DE APRENDIZAGEM

de Brecht passam-se na China, em Roma etc.). O texto tem a função de desencadear o processo de discussão através da parábola. Portanto, o texto não transmite o conhecimento por si mesmo, mas visa provocar um processo, por cujo intermédio o conhecimento poderá ser atingido.

No trabalho experimental realizado com a peça didática, hoje, na Alemanha Ocidental, os encaminhamentos dos vários experimentos são divergentes entre si, podendo a função desempenhada pelo "modelo de ação" ser organizada em uma escala[23].

Em um dos extremos estaria a posição que acentua o procedimento com o "estranhamento". Em detrimento do texto da peça didática, considerada às vezes superada historicamente, é proposta a criação de "modelos de ação" atuais (dramaturgia gerada pelo grupo/coletivo) que se torna então objeto de experimentação[24]. A ênfase no vínculo com o cotidiano dos jogadores que

23. *Assoziales Theater* (Colônia; Promotheverlag, 1984) reúne artigos de quinze autores que discutem o conceito de aprendizagem com base nos experimentos realizados com a peça didática. O termo "associal", utilizado com freqüência por Brecht durante a fase didática, identifica uma relação que exerce papel central na prática com a peça didática. "Não é absolutamente necessário imitar ações e atitudes consideradas socialmente positivas; a partir da imitação de ações e atitudes associais, cabe também esperar efeito educacional" (17, 1024).

O "teatro associal" refere-se portanto àquilo que é não-social, àquilo que deve ser socialmente julgado como impedimento à socialização, àquilo que é não-integrado, que se nega à adaptação. Por outro lado, o jogo de palavras envolve perda de sociabilidade, perda de sentido de comunidade e coletivo. Na prática com a peça didática, o conceito "associal" tem o sentido de busca de associação como prática humana e criativa para estabelecer, entre as pessoas, acontecimentos e pensamentos, relações e laços.

24. Veja *Adeus à Peça Didática*, de Heiner Müller, que dá seu depoimento como dramaturgo. No plano pedagógico, Wolfgang Heidefuss e Cornelia Waller propõem um método de trabalho com a peça didática que se afasta do texto como modelo de ação, em função da elaboração coletiva de um modelo de jogos, a partir da aplicação dos princípios formulados por Brecht, para uma forma de atuação estranhada – "Verfremdung des Alltagbewusstseins" ("Estranhamento da Consciência do Cotidiano") *in: Assozials Theater*, pp. 196-222. Também Arnold Windeler e Bernd Ruping propõem o afastamento do modelo de ação que está prefigurado no texto de Brecht, função do "experimento sociológico" – "Von der Massnahme zu neuen Spielmustern. Bearbeitung gesellischaftlicher Erfahrungen mit der Methode des SOZIOLPGISCHEN EXPERIMENTS" ("Da Decisão para Novos Modelos de Ação. Elaboração de Experiências a Partir do Método do EXPERIMENTO SOCIOLÓGICO") *in: Assoziales Theater*, pp. 223-247.

O JOGO TEATRAL 137

participam da experimentação é nesses casos fortemente acentuada.

No extremo oposto da escala está a proposta de realizar o texto literalmente (embora, não necessariamente, o texto integral). Também neste caso as associações com o cotidiano, que surgem através do jogo teatral, são trabalhadas. Essa colocação parte da premissa de que o objetivo de desenvolvimento do atuante enquanto ser social se dá a partir do objeto específico do teatro (gestos/atitudes) – que também possui significado no cotidiano[25].

Entre ambos os pólos existem diversos degraus onde são incorporados ao texto de Brecht cenas improvisadas e/ou atitudes e gestos do cotidiano experimentados a partir de cenas ou fragmentos. Constitui objetivo desse procedimento, em alguns casos, a tradução da cena de Brecht para a linguagem do cotidiano, ou seja, um conflito do dia-a-dia é reconhecido como semelhante àquele apresentado pelo texto.

Enquanto a maioria dos autores utiliza cenas isoladas como se fossem peças didáticas em miniaturas (um recurso que o caráter épico da peça didática permite), outros operam com unidades de texto ainda menores – fragmentos de algumas poucas linhas[26].

Não deve haver, para a prática com a peça didática, "o" método e, muito menos, receitas a serem aplicadas mecanicamente. Os objetivos ou as necessidades específicas geram seus próprios métodos. Ao mesmo tempo, há pontos em comum entre os vários experimentos, que devem ser indicados: a relação que é estabelecida no processo educacional entre o texto e a consciência e a prática do cotidiano, a dissolução de hábitos de percepção, o trabalho com significados sociais que se manifestam corporalmente, o jogo da troca de papéis como meio para a identificação e estranhamento. Nesse sentido, o texto, mesmo quando é mantido "ao

---

25. Steinweg e De Atencio consideram produtivas as improvisações que vão além do próprio texto, mas recomendam voltar ao "modelo de ação" fornecido pela peça didática. Também Scheller considera essenciais as improvisações que permitem relacionar o texto de Brecht ao cotidiano dos jogadores. Na experimentação por ele descrita, os relacionamentos estabelecidos são submetidos ao texto. Nos experimentos de Koch, as transposições para o cotidiano são fixadas por escrito. *In: Assoziales Theater*.

26. Este tipo de trabalho com a peça didática é realizado principalmente com o *Fragmento Fatzer*, que contém poucas cenas completas, mas inúmeros fragmentos.

138 BRECHT: UM JOGO DE APRENDIZAGEM

pé da letra", não é realizado em função de si mesmo ou de um estudo histórico-literário. Ele é transportado para a ação prática através da qual os jogadores vivenciam e investigam as contradições sociais com o próprio corpo. O jogo teatral passa a ser *constitutivo* de uma ação transformadora e política. A prática com o texto da peça didática não é imediatamente política – ela visa antes à experiência estética.

EXPERIMENTAÇÃO

A prática relatada a seguir foi desenvolvida com o objetivo de verificar se, com os meios do jogo teatral, é possível desenvolver princípios de aprendizagem que permitam a diferentes grupos elaborar uma abordagem do texto, relacionada com a sua experiência.

O jogo teatral visa a estimular a capacidade de identificação e repertório de ações dos participantes, e é o meio para a sua leitura do texto. O texto passa a ser uma das partes das cenas e ações produzidas pelos participantes. Ele é o material do jogo teatral, e seu significado *atual* e *histórico* passa a ser examinado através das representações simbólicas, atitudes e ações corporais. Ponto de partida foram quatro características da peça didática como processo de educação:

– a fidelidade ao "modelo de ação" não significa a realização do texto em função dele mesmo ou da objetividade histórico-literária. O texto é transportado para uma ação prática, a partir da qual os jogadores vivenciam e investigam as contradições com o próprio corpo;

– o "modelo de ação" deve ser concretizado com material trazido pelos jogadores a partir do seu cotidiano – (Brecht: "A forma da peça didática é árida, para que partes de invenção própria e de tipo possam ser mais facilmente introduzidas.);

– os textos das peças didáticas de Brecht permitem uma multiplicidade de interpretações, sendo possível criar novos "modelos de ação";

– o jogo teatral passa a ser *constitutivo* de uma ação transformadora e política. A prática com o texto da peça didática não é *imediatamente* política – ela visa antes à experiência estética.

Numa primeira experimentação, realizada com crianças de

O JOGO TEATRAL 139

onze/doze anos, buscamos estabelecer a diferença entre a "brincadeira de faz-de-conta" e o "teatro". Durante o processo desenvolvido com o grupo, trabalhamos exclusivamente com jogos teatrais, baseados no sistema de Spolin, sendo o texto introduzido com o objetivo de verificar em que medida a prática do jogo conduz a uma consciência do processo. O texto poético foi um procedimento utilizado como instrumento de avaliação da consecução do objetivo que era a descentralização progressiva da subjetividade e a conseqüente socialização.

No segundo exemplo que relatamos, realizado com adolescentes cuja faixa etária variava de catorze/dezessete anos, houve a introdução de textos dramáticos e poéticos no procedimento com os jogos. O modelo fornecido pelo texto não se ateve à dramaturgia específica da peça didática, embora *Diz-que-Sim/Diz-que-Não* tenha servido à função de "modelo de ação" no processo. A partir do objetivo, que era relacionar texto e universo de vida dos participantes, foram constituídos novos modelos de ação.

Transcrevo a avaliação realizada em 15 de abril de 1986 (Colégio São Domingos) com crianças cuja faixa etária variava de onze a doze anos (6ª série), após um semestre de trabalhos, em encontros de duas horas, uma vez por semana. O processo foi desenvolvido a partir dos jogos teatrais e propus, como ponto de partida para a avaliação, uma poesia de Mário Quintana:

Mentira?
A mentira é uma verdade que se esqueceu de acontecer.
Mentiras.
Lili vive no mundo do faz-de-conta. Faz de conta que isto é um avião. Depois aterrissou em pique e virou trem. Tuc tuc tuc tuc... Entrou pelo túnel chispando. Mas debaixo da mesa havia bandidos. Pum! pum! pum! pum! O trem descarrilhou. E o mocinho? Meu Deus! Onde é que está o mocinho? No auge da confusão, levaram Lili para a cama, à força. E o trem ficou tristemente derribado no chão, fazendo de conta que era mesmo uma lata de sardinha[27].

A partir da leitura da poesia com as crianças, foram formuladas três perguntas que visavam avaliar o processo de jogos teatrais, através da verificação do entendimento dos conceitos básicos utilizados enquanto terminologia durante as avaliações no semestre:

1. Qual é a diferença entre a brincadeira de faz-de-conta da Lili e o teatro?

27. Mário Quintana, *Lili Inventa o Mundo*, Porto Alegre, Mercado Aberto, 1985.

140 BRECHT: UM JOGO DE APRENDIZAGEM

2. O que é foco?
3. Qual é a diferença entre "mostrar" e "contar"?
4. Faça uma auto-avaliação.

Respostas:

- Eu acho que não há diferença, porque a Lili está imaginando a brincadeira e os bandidos são os pais dela que levam ela para dormir. Na aula nós fazemos a mesma coisa, só que com cenas diferentes.
- Foco é quando o ator (ou atriz) estão em cena e tornado cada vez mais real.
- Não sei.

─────────────

- A diferença que existe entre a brincadeira de Lili e o teatro é que o teatro conta uma história com começo e fim, nesta história que o teatro faz: ele para representar às vezes fala, às vezes faz mímica e muitas usa o foco.
- Foco é quando os artistas da peça tentam mostrar um objeto que não existe através dos olhos, das mãos e tambem dos pés. Para que este objeto se torne real, o artista tem que pensar que ele existe, pois assim o público passará a acreditar que esse objeto existe.
- A diferença é a seguinte: para nós mostrarmos, somos obrigados a usar muito do foco e também fazer mímica e para contar é fácil; é só começar a falar, a contar história.

─────────────

- A diferença é que ela apresenta a brincadeira para ela e não para um público.
- Foco é o trabalho onde nós trabalhamos para que ele fique real.
- Mostrando, a gente vê o objeto e não o imagina. E contando, nós tentamos imaginar como é essa coisa.

─────────────

- Na brincadeira de Lili ela usava uma lata de sardinha que transformava a latinha em várias coisas; e o teatro a gente representa uma coisa só, às vezes usamos o foco e às vezes não.
- É tornar real um objeto que não existe.
- Que mostrando fica mais difícil de entender o que faz e contando ficaria mais fácil porque usamos a palavra e com ela fica mais fácil.

─────────────

O JOGO TEATRAL   141

- É que aqui nós fazemos a mesma coisa só que mais sério aperfeiçoado e em grupo.
- Foco é o trabalho que nós temos de transformar uma coisa imaginária em uma coisa real, por exemplo, fingindo brincar de cabo-de-guerra, tentamos transmitir à platéia em gesto a brincadeira.
- É que em contar é muito mais fácil e não exige trabalho algum, mas mostrando nós temos que transmitir a mesma coisa só que com gestos e ações, e fica muito mais divertido.

- A diferença entre os dois é que no teatro a gente torna real uma coisa imaginária para os da platéia ver e no "faz-de-conta" da Lili é para ela assistir.
- Foco é tornar real uma coisa imaginária.
- Nós temos que fazer o melhor possível para fazer o foco, ou seja, mostrando, todo mundo entende, e, mostrando e contando, não é necessário.

- Na brincadeira ela se divertia, enquanto no teatro ela criava, cada idéia na brincadeira, era uma criação para se encenar um teatro. Quando ela brincava ela deixava sua imaginação ir pro faz-de-conta, e isso acontece no teatro, quando você deixa sua imaginação fazer uma boa cena. Na brincadeira você quer mostrar para si mesma a sua imaginação e no teatro você mostra sua imaginação para você mesma e para os outros.
- Foco é você acreditar na cena que está representando, participar dela e não fugir do que nela acontece, sendo ela maluca ou de qualquer outro jeito.
- Quando você conta, a pessoa que te ouve imagina o que você está falando. E quando você mostra ela pode ver como é a história que você conta, assim ela não usa a imaginação.

- A Lili está brincando de faz-de-conta e nós na aula de teatro tornamos real e usamos objetos.
- Foco é coisa que o grupo tem que se concentrar e tornar real uma coisa imaginária.
- Mostrar é fazer gestos com as mãos com o corpo e contar é falar com a boca e explicar falando para a platéia.

- A diferença entre a brincadeira da Lili no faz-de-conta é pouca porque geralmente no teatro as pessoas da peça tentam tornar real as coisas que elas fazem, demonstram, falam, fa-

BRECHT: UM JOGO DE APRENDIZAGEM

zem gestos, enfim, tentam tornar real. As coisas em um certo grupo de pessoas para tornarem visível as coisas que elas fazem é também que as pessoas compreendam aquela peça. O resultado é o seguinte. A Lili mostra a brincadeira só para ela e no teatro eles apresentam para várias pessoas.

– Foco é um objeto imaginário que podemos imaginar inventar tornar real aquela coisa e mostrar para as pessoas.

– Mostrando as pessoas tem que fazer uma força para perceber o que as pessoas do palco estão fazendo. Na fala já se torna mais fácil porque já está explicado. E assim podemos perceber que a cena mostrada é mais difícil de perceber. E na fala é mais fácil porque falando tem mais sentido.

– A diferença é que Lili estava apenas imaginando mas não representando. No teatro você expressa usando objetos imaginários (foco) e objetos que realmente existem. Lili apenas imaginava que uma lata de sardinha era trem e avião.

– Foco é um objeto imaginário que os atores tentam fazer real.

– No mostrar, você pode expressar tamanho, altura e muitas outras coisas. No contar, você vai falando e se falar "muito grande", as pessoas não vão entender direito qual é o tamanho.

– A diferença é que no teatro a gente trabalha em *grupo* e tem que *trabalhar* (grifo no original) fazendo real. Agora a Lili está brincando sozinha e não está trabalhando, porque se estivesse trabalhando, e em grupo, estaria fazendo um teatro.

– Foco é o que a gente vai tornar real, um onde, um o quê, um som, uma visão etc.

– Mostrar é bem diferente de contar, mostrando a pessoa pode ver o que quero que ela veja, agora se eu contar, uma história, por exemplo, o que eu quero que a pessoa veja, ela não vê, pois a história está na minha cabeça.

– Lili brincava sozinha, mas aqui nós trabalhamos em conjunto. Ela transformava um objeto e nós tornamos ele real.

– Foco é um objeto ou pessoa do qual nos concentramos para com ele trabalhar.

– No mostrar, apontamos o que se usou no trabalho; no falar não podemos demonstrar realmente o que usamos, mas podemos tornar isso real e falar o que foi feito.

– É que a brincadeira da Lili não representava algo concreto e o

O JOGO TEATRAL   143

teatro sempre tenta mostrar alguma coisa que acontece, que acontecerá, que pode acontecer e o que não pode acontecer.

- Foco é a concentração de uma pessoa ou várias, para tornar real a ação ou objeto.
- Mostrar é representar os fatos com ações e contar é representar os fatos com palavras.

- A diferença entre o teatro e a brincadeira da Lili é que ela brincava sozinha, sem intenção de nada, apenas se divertir. O teatro é quase a mesma coisa mas trabalhamos com foco e com preocupação. Que a platéia entenda o que tentamos fazer e se divirta como nós.
- O foco é um objeto imaginário criado no palco, para isso utilizamos a visão, audição, olfato, tato e paladar, ou seja, os cinco sentidos do homem.
- A diferença entre mostrar e contar é que mostrando através da dramatização e gestos fica mais fácil de se entender e contando a pessoa terá que imaginar e poderá entender errado.

- É que brincar de faz-de-conta você imagina a situação (o que está acontecendo), imagina um objeto se fazer por outro. E no teatro você faz aparecer o objeto (foco).
- Foco é uma coisa invisível que você imagina que ela apareça.
- A diferença é que mostrar você não conta a situação, você pode ter diálogo mas a platéia tem que adivinhar. E contar não tem muita graça porque você já conta para a platéia a situação.

Os depoimentos escritos pelas crianças poderão fornecer elementos mais detalhados sobre a aprendizagem individual. O processo de apreensão do conceito difere de uma criança para outra em correção e exatidão, de acordo com o domínio da articulação escrita, próprio de cada uma. O objetivo dessa forma de avaliação não é a verificação da correção e exatidão do conceito. A introdução do texto poético visou, pelo contrário, permitir que a forma *discursiva* (depoimento individual) remetesse à forma *apresentativa*, que caracteriza o jogo teatral[28].

---

28. De acordo com Susanne Langer, a linguagem, na acepção estrita, é essencialmente discursiva; possui unidades permanentes de significado, combiná-

144 BRECHT: UM JOGO DE APRENDIZAGEM

O desafio que se apresenta para a avaliação do trabalho com as crianças é aquele que surge na articulação teórica do objeto ora em foco: o teatro. Os instrumentos utilizados na avaliação – texto poético e conceitos – refletem a necessidade de ampliação do conceito de racionalidade, sem romper com a lógica no sentido estrito. De acordo com Langer, "onde quer que um símbolo opere, existe um significado; e, inversamente, diferentes classes de experiência – por exemplo, razão, intuição, apreciação – correspondem a diferentes tipos de mediação simbólica. Não há um símbolo isento da tarefa de formulação lógica, do *conceituar* aquilo que transmite".[29].

A aprendizagem efetiva (processo) com as crianças ocorreu a partir da experiência sensório-corporal, na qual se *inicia* a formulação "(...) as condições para a racionalidade jazem nas profundezas de nossa pura experiência animal – em nosso poder de perceber, nas funções elementares de nossos olhos, ouvidos e dedos", na acepção de Langer.

A avaliação propõe ainda a verificação da aprendizagem através de um instrumento – o conceito – que propõe a transposição das formulações adquiridas na forma apresentativa (jogo teatral) para a forma discursiva (depoimento). Desenhos ou fotos elucidariam de outras formas. Estas não garantiriam, no entanto,

veis em unidades maiores: possui equivalências fixas que possibilitam a definição e a tradução; suas conotações são gerais, de modo que ela requer atos não-verbais, como apontar, olhar, ou inflexões enfáticas de voz para consignar denotações específicas a seus termos. Em todas essas características salientes, ela difere do simbolismo sem palavras, que não é discursivo e intraduzível, não admite definições dentro de seu próprio sistema e não pode transmitir diretamente generalidades. Os significados fornecidos através da linguagem são sucessivamente entendidos e reunidos em um todo pelo processo chamado discurso; os significados de todos os outros elementos simbólicos que compõem um símbolo maior e articulado são entendidos apenas através do significado do todo, através de suas relações dentro da estrutura total. Seu próprio funcionamento como símbolos depende do fato de estarem envolvidos em uma apresentação simultânea e integral. Essa espécie de semântica pode chamar-se "simbolismo apresentativo", para caracterizar sua distinção essencial em face do simbolismo discursivo, ou "linguagem" propriamente dita (Susanne Langer, *Filosofia em Nova Chave*, São Paulo, Perspectiva, 1971.

29. Susanne Langer, *Filosofia em Nova Chave*, São Paulo, Perspectiva, 1971).

O JOGO TEATRAL 145

o grau de abstração e generalização da aprendizagem. A busca de definição de um conceito pela criança visa portanto à verificação dos diferentes níveis de associações, relações, identificações etc. a que chegaram. A partir daí, podemos tirar algumas conclusões:

- enquanto o jogo simbólico de Lili é identificado como um jogo solitário, o "teatro" é caracterizado como uma atividade coletiva (sendo algumas vezes salientada a presença de uma platéia);
- a presença da platéia gera um compromisso com o outro e com a representação (traduzida algumas vezes por "seriedade" e "trabalho");
- a "transformação" do objeto (símbolo analógico) do jogo de Lili é avaliado como descompromissado por essa faixa etária, enquanto o "mostrar" a realidade do objeto imaginário exige um esforço (trabalho);
- "contar" é, algumas vezes, colocado como equivalente a "fácil" (falar, explicar, imaginar);
- "mostrar" é algumas vezes colocado como equivalente a objetivar (o entendimento) para a platéia (ela *vê*, em oposição a ela *imagina*);
- o foco é, algumas vezes, colocado como equivalente à concentração;
- o foco é uma vez colocado como equivalente à percepção sensorial (os cinco sentidos);
- a definição mais constante de foco é "tornar real um objeto imaginário";
- existe em alguns depoimentos uma preocupação com o *entendimento* (comunicação com a platéia).

A INTRODUÇÃO DO TEXTO NO PROCESSO DE JOGO

Também na prática realizada a partir de *Diz-que-Sim/Diz-que-Não*, o ponto de partida foi o exercício de jogos populares e jogos teatrais, visando estabelecer:

1. princípios de regra de jogo;
2. concentração;
3. observação;
4. consciência sensório-corporal.

146 BRECHT: UM JOGO DE APRENDIZAGEM

Durante as avaliações, foi introduzida a seguinte terminologia:

- foco;
- espaço;
- fisicização;
- estrutura dramática (onde/quem/o quê).

O grupo, composto por dezesseis jovens, reunia-se uma vez por semana, em encontros de três, na Escola de Teatro Macunaíma, onde eu atuava (1984) como coordenadora das Oficinas de Teatro para Jovens.

Os adolescentes, cuja faixa etária variava de catorze/dezessete anos, participavam espontaneamente do processo, sem qualquer vínculo institucional (diploma, nota, carreira etc.).

No depoimento de duas participantes:

Por que fomos buscar o Macunaíma?

ALESSANDRA: Fui procurar o Macunaíma com a intenção de ter um espaço
(14 anos) onde as pessoas me ouvissem e acreditassem em mim como
adolescente.

ANDREA: Fui procurar um espaço para fazer teatro e para sanar meus
(17 anos) traumas com outro grupo que tinha feito. Tipo eu posso fazer
teatro, meio para provar para as pessoas.

Nos jogos iniciais, uma seqüência de propostas visava à problematização do princípio apresentado por Spolin, através dos versos:

Quando todos se tornarem líderes,
Quem será o seguidor?
Quando todos se tornarem seguidores,
Quem ficará para ser líder?
Quem ficará para ser líder ou liderado,
Quando todos forem seguidores e líderes?[30]

O princípio foi expresso plasticamente pelo grupo. É importante ressaltar que o trabalho construído era tridimensional, e que havia sido oferecido o seguinte material: cartolina, pincel atômico, lápis de cera e guache. A roda girava e podia ser aberta e fechada. O produto resultou de processo de jogos, que pode ser

30. Viola Spolin, *Theater Game File*, St. Louis, Cemrel, 1982.

O JOGO TEATRAL 147

sintetizado principalmente através da contraposição de dois jogos teatrais – "Siga o Mestre" e "Siga o Seguidor". Enquanto a regra de seguir o mestre propõe que um parceiro inicie os movimentos enquanto os outros fazem o jogo do espelho, na regra de seguir o seguidor não existe um iniciador deliberado – o movimento nasce do grupo, é propulsionado pelo coletivo.

A leitura de *Diz-que-Sim/Diz-que-Não* motivou um debate:

- Quem é o grupo?
- Quais são as condições de trabalho do grupo?
- Por que trabalhar com esse texto?

Surgiu uma preocupação, constante nos adolescentes e específica para essa faixa etária. Poucas são as escolas de segundo grau que oferecem a disciplina teatro no seu currículo. A opção fica restrita às escolas de nível técnico-profissionalizante para cursos de atores – em São Paulo, a Escola de Arte Dramática e a Escola de Teatro Macunaíma. A Secretaria de Educação estabeleceu como exigência de ingresso nessas escolas a idade mínima de dezoito anos e, como se trata de instituições de segundo grau (pois não oferecem as disciplinas do currículo de segundo grau), o aluno deve apresentar o diploma do colegial completo para receber o diploma de profissionalização de ator.

Diante dessa exigência colocada ao jovem nessa faixa etária, ele permanece à margem do ensino de teatro. Poucas escolas particulares oferecem a atividade como extracurricular.

Na questão do "por que" trabalhar com a peça didática, enfatizou-se a sua relação com o processo de jogos que vimos desenvolvendo. Foi ressaltada a importância do trabalho em grupo, realizado a partir desse processo, a negação do princípio de "talento" como condição para o fazer teatral e a compreensão do teatro como um processo contínuo de indagação e pesquisa de linguagem. O princípio mais enfatizado foi a democratização de uma linguagem expressiva, acessível a todos.

Quanto ao conteúdo de *Diz-que-Sim/Diz-que-Não*, os princípios dos jogos "Siga o Mestre" e "Siga o Seguidor" foram relacionados com o "acordo". No entendimento do grupo, a negação do velho costume em *Diz-que-Não* propõe um processo de transformação, estabelecido a partir da mudança que pode emergir de um novo acordo. O dizer sim ou dizer não foi, a partir daí, relativizado – para cada momento novo uma resposta nova e adequa-

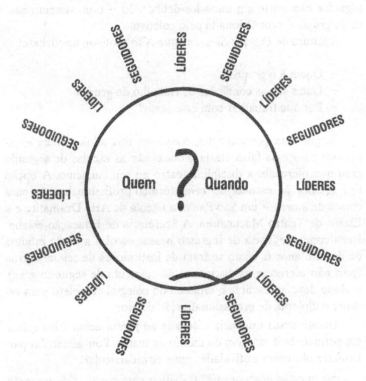

O JOGO TEATRAL

149

da, ou conforme as palavras no texto, "o costume de pensar de novo a cada nova situação".

Transcrevo a síntese escrita por Andrea:

Dizer-que-Sim pode ter dois significados: o primeiro tendo uma conotação de concordância, de consentimento. Dizer sim pelo simples fato de dizer sim, sem questionar a realidade, sem ter a consciência de que você pode optar por discordar, por romper com a tradição, com tabus ou comportamentos comuns.

O segundo significado do sim pode ser o resultado de um questionamento, no qual se opta pelo sim, de uma forma consciente.

Dizer-que-Não também pode ter dois significados: um de contestar, de não concordar, de ter contradições, coisas impostas, de fugir de lugar-comum; outro, de dizer *não* apenas por dizer, sem contestação.

Evidenciou-se a necessidade de aproximar o texto da nossa realidade, realizando um processo de teatro improvisacional que permitisse uma verificação dos princípios ali contidos. Exemplificando o procedimento:

Onde: fábrica
Quem: operários
O quê: operários exercendo várias atividades

O grupo caracteriza uma fábrica, em que todos os operários agem como robôs – entrada na fábrica, bater o ponto, maneiras de andar, atividades de trabalho. Apenas um operário é a exceção – tenta diversas vezes estabelecer contato com os outros, sem conseguir. Aos poucos, também ele vai se robotizando e agindo de forma mecânica como os outros.

Na avaliação, onde foi analisada a relação com *Diz-que-Sim/Diz-que-Não* foi apontado:

- não havia relação humana;
- o atrasado também virou robô;
- o chefe tinha a função de não deixar nada fora do lugar;
- as pessoas estão a tal ponto programadas que nunca dizem não;
- o novo operário que tenta uma relação nova termina por se enquadrar no sistema, ou melhor, o sistema termina por enquadrá-lo.

BRECHT: UM JOGO DE APRENDIZAGEM

Relatamos outro exemplo:

Onde: lar
Quem: família (pai, mãe, avô, filha, filho, namorada do filho, empregada)
O quê: a família discute sobre a decisão da filha em trabalhar fora de casa.

O grupo caracteriza uma família que discute a decisão feita pela filha mais nova, de trabalhar para tornar-se independente, útil etc. Estabelece-se o conflito com alguns familiares, que apóiam a decisão da menina, e outros, que se posicionam contra. Ficam a favor: a mãe, a empregada, o filho (este mediante a pressão exercida pela noiva; caso contrário, esta terminaria o noivado) e a namorada. Ficam contra: o pai, a avó e o filho.

Decidimos levantar mais material de pesquisa, capaz de ser relacionado com *Diz-que-Sim/Diz-que-Não*.

Lemos a letra da música *Podres Poderes*, de Caetano Veloso. Relacionamos com o tema do nosso trabalho – dizer que sim/dizer que não, de acordo com cada nova situação – principalmente, os versos:

> Enquanto os homens exercem seus podres poderes
> Índios, padres, bichos, negros, mulheres e adolescentes
> fazem o Carnaval
> Queria apenas cantar afinado com eles

Debatemos:

- Quem são os opressores?
- Quem são os oprimidos?
- Como o poder se mantém?
- Como se dá a relação de poder?

Subdividimos o grupo em grupos menores, e foram improvisadas as seguintes situações:

GRUPO 1

(a) Onde: programa de televisão dirigido à mulher, em que a apresentadora traça o perfil das conquistas obtidas pela mulher na sociedade e fala sobre a democratização dos direitos humanos: optar pela raça, religião e sexo.

O JOGO TEATRAL 151

(b) Numa tribo de índios, que é visitada por brancos, o contato com a civilização corrompe os índios.

(a) Apresentadora de TV.

(c) Um grupo de mulheres negras tenta entrar numa boate e é barrado pelo porteiro, por serem negras.

(d) Dois homossexuais são violentamente escorraçados pelos rapazes do bairro, ao conversarem inofensivamente numa praça.

(a) Apresentadora de TV: entrevista um ator famoso sobre o tema: homossexualidade.

A estrutura de cenas simultâneas (caráter épico da dramaturgia) remetia à linguagem televisiva. Foi decisão de grupo estabelecer uma crítica aos meios de comunicação de massa, que divulgam um quadro muitas vezes distorcido das minorias. O protótipo da distorção é colocado pela apresentação de um programa matutino para a mulher.

GRUPO 2

Uma tribo de índios é visitada por exploradores brancos. Um dos exploradores é picado por uma cobra. Os brancos pedem ajuda aos índios, que se recusam, num primeiro momento, mas em seguida socorrem a mulher, salvando-a. Um dos índios se apaixona pela mulher branca e é castigado pela tribo.

A partir dessas cenas improvisadas, foram trazidos pelos adolescentes vários textos, por eles selecionados, que poderiam ser relacionados com *Diz-que-Sim/Diz-que-Não*. Entre os textos assim reunidos, lemos *Eu, Etiqueta* de Carlos Drummond de Andrade, a letra da música do grupo Língua de Trapo, denominados *Índio Xingu* e a poesia *Um Milhão de Coisas*, de Paulo Leminski.

Descrevo a seqüência de jogos que levou à organização de um roteiro. Iniciamos com o jogo teatral com

FOCO – – – – – O QUÊ (verbo, ação, atividade)
Regra do jogo: uma pessoa vai ao espaço cênico e propõe uma atividade. Outro parceiro junta-se a ela, com o foco na *mesma* atividade proposta pelo primeiro.

A atividade selecionada pelo grupo foi: *vestir-se*. A partir da atividade, apareceu um *Onde*: loja e vários *objetos imaginários*: espelho, dinheiro, peças de roupa.

Durante a avaliação em grupo, a cena foi relacionada com o tema da poesia de Drummond: VAIDADE/CONSUMO.

152   BRECHT: UM JOGO DE APRENDIZAGEM

A próxima atividade selecionada pelo grupo foi: *comer*. Durante a avaliação em grupo, a relação com a poesia de Drummond foi novamente estabelecida, a partir do termo "gula". Os objetos imaginários criados foram: chiclete, Coca-Cola, hambúrguer.

A atividade proposta pelo terceiro grupo foi: *dançar* (maneiras de dançar, qualidades ou "estilo" de música).

A quarta atividade foi: *fumar*. A quinta: *cantar* (cada elemento do grupo entrava em cena cantando uma música diferente, simultânea às dos parceiros).

Estruturamos uma seqüência de cenas com foco na atividade. As atividades propostas foram:

1. cantar; 2. vestir-se; 3. comer; 4. fumar.

O grupo caracterizou, em nossa última avaliação, o texto (ou roteiro) assim elaborado como uma "visão crítica da moda jovem" ou "uma crítica do consumismo que atinge a juventude".

O roteiro dramático sintetiza o trabalho desenvolvido. Retomamos o jogo teatral com foco no *O quê* e estabelecemos as seguintes regras:

CENA 1

Onde: definido individualmente, a partir da personagem;
Quem: definido individualmente, a partir da música;
O quê: cantar (cada participante canta o trecho de uma música de sua escolha).

CENA 2

Onde: loja
Quem: jovens
O quê: vestir-se
Objetos: tênis, *jeans*, camisetas, óculos, bijuterias

CORO

Em minha calça está grudado um nome
que não é meu, nem de batismo nem de cartório
Um nome estranho...
Meu blusão traz o lembrete de bebida
Que jamais pus na boca na vida.
Na minha camiseta está a marca do cigarro
Que não fumo, até hoje não fumei.
Minhas meias falam do produto

O JOGO TEATRAL

153

que nunca experimentei
mas são comunicados aos meus pés
Meu tênis é propaganda colorida
de alguma coisa não provada
Meu lenço, meu relógio, meu chaveiro
minha gravata e cinto, e escova e pente,
meu copo, minha xícara,
minha toalha de banho e sabonete
meu isso, meu aquilo,
desde a cabeça ao bico dos sapatos,

CENA 5

Onde: lanchonete (tipo MacDonald's)
Quem: jovens
O quê: comer
Objetos: Coca-Cola, *ketchup*, canudinho, hambúrguer, alface

CORO

são mensagens,
letras falantes
gritos visuais,
ordens de uso, abuso, reincidência
costume, hábito, premência
indispensabilidade
e fazem de mim homem-anúncio, itinerante,
escravo da matéria anunciada.
Estou, estou na moda.
É doce estar na moda, ainda que a moda
seja negar a minha identidade,
trocá-la por mil, açambarcando
todas as marcas registradas,
todos os logotipos do mercado.

CENA 4

Onde: festa
Quem: jovens
O quê: dançar

CORO

Onde terei jogado fora
meu gosto e capacidade de escolher,
minhas idiossincrasias tão pessoais,
tão minhas que no rosto se espelhavam

154 BRECHT: UM JOGO DE APRENDIZAGEM

e cada gesto, cada olhar,
cada vinco de roupa
resumia uma estética?
Hoje sou costurado, sou tecido,
sou gravado de forma universal,
saio da estamparia, não de casa,
da vitrina me tiram, me colocam,
objeto pulsante, mas objeto
que se oferece como signo de outros
objetos estáticos, tarifados.
Por me ostentar assim, tão orgulhoso
de ser não eu, mas artigo industrial
peço que meu nome retifiquem.
Já não me convém o título de Homem.
Meu novo nome é coisa
eu sou a coisa, coisamente[31].

Transcrevo a avaliação escrita ao final do processo por Andrea e Alessandra:

Este processo que tivemos na oficina foi além de descobrir a linguagem teatral. Nós levamos isso na vida e para a vida de outros. E acho que conseguimos intervir e transformar algumas coisas no nosso dia-a-dia.

Sem contar com o lance da pesquisa – a pesquisa de nós mesmos e dos outros. De repente o *Diz-que-Sim/Diz-que-Não* nos fez deparar com coisas que estavam no nosso nariz e a gente não queria ver e nos fez questionar isso. Por exemplo, com o Gonçalo a gente tinha um monte de preconceitos e de repente pintou a maior contradição: denunciávamos o preconceito através da peça e do nosso lado existia uma pessoa com a qual estávamos sendo superpreconceituosos. Foi bom que a gente se olhou e a gente se enxergou.

Daí pinta a maior vontade de que outras pessoas passem por esse processo, temos certeza que seria uma redescoberta de vida, descobrir que a dúvida é algo permanente, que não existe verdade acabada.

Ingrid, talvez você ache que a coisa está muito subjetiva, muito individual, mas o teatro refletiu na nossa vida assim como a nossa vida refletiu no teatro. Não dá para separar. Não que o teatro seja terapia, mas reflete o momento atual, a nossa história através também da gente.

Outro aspecto superimportante neste processo foi a descoberta do grupo, do trabalhar junto. De repente, jogando o "Siga o Seguidor" que aparentemente era um exercício para um foco comum, foco no grupo, nos fez "aprender" (opa, aprender não), "sacar" nós mesmos e a relação com o outro, permitir a existên-

---

31. Carlos Drummond de Andrade, *Corpo*, São Paulo, Record, 1984.

cia do outro e se permitir dentro dela. Nenhum jogo era isolado entre si, tudo tinha um elo (no momento dos jogos não tínhamos muita consciência deles, mas depois a coisa foi surgindo).

As nossas improvisações eram ligadas à essência do jogo, em cada jogo parecia que limpávamos nossos buracos (sentidos) e com o tempo estávamos mais abertos, mais "desentupidos" para o jogo.

Achamos que este processo teve dois focos:

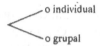

No individual pudemos descobrir (Alessandra) e redescobrir (Andrea) nós mesmas, essa descoberta foi no sentido de tomar consciência de nós mesmas e do nosso meio e a relação existente entre ambos.

No grupo descobrimos a dinâmica de todos os movimentos no espaço.
Era um triângulo:

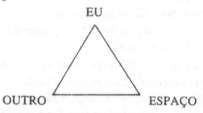

O outro completa você, você completa o outro. O espaço completa ambos.

E dentro dessa relação como utilizar no espaço cênico os objetos que não têm vida própria. Aí a importância de "tornar real". A importância que esse objeto tinha era o de unir esse triângulo, sendo mais um elemento que completa a existência do triângulo. A partir dessa união (Espaço, Eu, Outro) existem outros elementos que apesar de não ocuparem o espaço físico são também fundamentais. São as ações que permitem a existência do momento cênico. Daí a importância dos jogos para determinar Onde/Quem/O Quê. Que delimitam as circunstâncias para que a linguagem teatral ocorra, através de improvisações, esta linguagem em constante movimento, mutações. Ter consciência disto acaba com as estruturas sólidas, rígidas, que codificam a linguagem teatral, fazendo com que esta deixe de ser estática, parada. Temos dúvidas e, se nós não tivéssemos vivido este processo, o teatro para a gente seria um eterno decorar texto, um dogma. E perderia sua função social, o seu sentido de existir. Seria meramente ilustrativo e não ativo.

Análise do Processo

O trabalho com a peça didática visa o exame "coletivo" através dos meios do jogo teatral – de situações sociais que evidenciam contradições entre pessoas. As situações são prefiguradas na estrutura de linguagem do texto da peça didática, mas elas devem ser concretizadas por meio das representações, atitudes e ações dos jogadores, isto é, transportadas para uma *ação prática*.

O jogo teatral, enquanto constitutivo de relações interindividuais e da articulação de uma linguagem artística (teatro) realiza funções didático-pedagógicas que são *pressupostos* para a consecução do objetivo mais amplo – a consciência do homem (e do adolescente) como ser social e histórico.

As crianças de onze/doze anos olham para Lili como quem olha para um passado, ainda não muito remoto. O jogo coletivo representa a superação da solidão de Lili, através da transformação do jogo subjetivo em jogo socializado. Independentemente do modelo de ação e, simplesmente, através do procedimento com o jogo teatral, é possível trazer para a consciência a passagem de uma construção da realidade "egocêntrica" ou subjetiva, para uma concepção da realidade descentrada do eu. O jogo teatral é um instrumento valioso na operação da "revolução copernicana" que se processa no indivíduo ao passar da relação de dependência para a independência.

No processo do trabalho com adolescentes de catorze a dezessete anos que descrevemos, a relação dialética estabelecida entre os jogos "Siga o Seguidor" e "Siga o Mestre", expresso plasticamente pelo grupo, contribui para a formalização do conceito explicitado por Andrea e Alessandra em seu depoimento. No triângulo:

os elementos de linguagem (espaço) estão integrados na sua relação com o social (eu/outro). Esta interligação entre experiência estética (alfabetização na linguagem) e a elaboração de conteúdos sociais revela o pressuposto para o processo de aprendizagem com a peça didática. Condição para o estabelecimento da experiência estética é a percepção sensório-corporal, a partir da qual tem início a transposição da aprendizagem para o cotidiano. A fisicização de gestos e atitudes ocorre mediante o *ato do jogo*.

O JOGO TEATRAL 157

Em cada jogo parecia que limpávamos nossos buracos (sentidos) e com o tempo estávamos mais abertos, mais desentupidos para o jogo.

A fisicização promove um movimento que, iniciado no exercício do jogo, é transposto para a vida diária, implicando a incorporação de todo o equipamento sensorial. O mundo fenomenal passa assim a ser experimentado mais pessoalmente.

Nós levávamos isso para a vida e para a vida dos outros. E acho que conseguimos intervir e transformar algumas coisas no nosso dia-a-dia.

O texto da peça didática serve então de estímulo para discutir abertamente, em grupo, aspectos da história de cada um. Os problemas assim apresentados são trazidos para as propostas de jogo, embora possam ser deflagrados inicialmente sem qualquer relação direta com o texto. Com base nos pontos em comum entre as experiências relatadas, que têm caráter de exemplificação, o texto da peça didática é preenchido de conteúdo. A partir daí, inicia-se o exame da origem de gestos e atitudes e seu efeito no contexto social. No depoimento de Andrea e Alessandra encontramos:

(...) mas o teatro se reflete na nossa vida assim como nossa vida se refletiu no teatro (...) o teatro reflete o momento atual, a nossa história também através da gente.

No experimento relatado não nos detivemos no "modelo de ação" da peça didática. A procura de outros textos (principalmente letras de música popular brasileira) nasceu da configuração das próprias improvisações e jogos, sendo que o procedimento com a estrutura dramática (Onde/Quem/O Quê) foi realizando um processo de transposição do tema proposto por *Diz-que-Sim/Diz-que-não* para a realidade mais próxima.

O roteiro elaborado pelo grupo dá um indício da "historicização", iniciada ao refletir-se sobre a relação com o cotidiano, algo que é provocado pelo processo com o jogo teatral. A poesia *Eu, Etiqueta*, de Carlos Drummond de Andrade, propõe o "estranhamento" diante da própria identidade (perda de identidade) de forma exemplar. A relação como "modelo de ação" deve ser buscado na temática mesma da poesia, próxima do tema central das peças didáticas – a relação do indivíduo com o coletivo.

Na prática acima relatada, realizada com crianças e adolescentes que estavam sendo introduzidos num processo de alfabetização na linguagem artística do teatro, foi dada maior ênfase à educação da sensorialidade, através do procedimento com o jogo teatral. Os "modelos de ação" foram utilizados de forma bastante livre, com o objetivo de aproximar o texto poético do universo de vida dos participantes, a fim de que assumisse um significado real para o grupo empenhado em concretizar gestos e atitudes.

A descrição da prática não se propõe como modelar para o exercício com a peça didática. Também a abordagem a partir do sistema de jogos teatrais poderá ser realizada através de inúmeros novos experimentos, com desenvolvimentos diferentes. O princípio pode, no entanto, ser comprovado. No início do trabalho, que sempre deverá ser adequado às características de faixa etária (desenvolvimento do jogo na criança), prevalece o objetivo de educação da sensorialidade, a qual constitui a via pela qual se processa o "estranhamento". O descondicionamento de ações que se tornaram rotina e de hábitos de percepção que se tornaram automatizados é a condição da qual depende a aprendizagem futura. Nesse sentido, o sistema de jogos teatrais pode trazer grande contribuição para o exercício com a peça didática. A educação da sensorialidade, aliada ao procedimento com o jogo, promove o campo dentro do qual o texto literário será introduzido. Constitui objetivo de verificações futuras uma maior "fidelidade" ao modelo de ação, quando se tornará necessário avaliar como se comportará então o vínculo entre texto e cotidiano e em que medida será então possível um aprofundamento na observação de gestos e atitudes.

No contexto dos estudos realizados pelo Berliner Ensemble sobre Stanislavski (1951-1954), Brecht afirma:

> Assim como é imprescindível observar os resultados quando queremos examinar os métodos, a melhor forma de estudar um método estranho é introduzi-lo em nosso próprio trabalho. Escolhe-se aquilo que já fazemos e, mesmo no caso de já termos feito algo há muito tempo, ainda assim lucramos ao estudar a outra forma de trabalho. Pois, muitas vezes, só então tomamos consciência daquilo que já fazemos ou já fizemos. Depois, experimentamos cuidadosamente o desconhecido, se podemos aproveitá-lo para as tarefas que estão diante de nós. E só então (ainda que o processo de aquisição seja irregular) podemos examinar, através de trabalho contínuo, se, através dos meios artísticos e das novas visões conquistadas, seremos capazes de realizar tarefas totalmente novas (16, 842).

A introdução do texto da peça didática no processo de jogo, com o objetivo de desenvolver a consciência do homem (e do adolescente) como ser social e histórico, implica ampliações sucessivas do universo do jogo teatral que permitem a incorporação de "recortes" de realidade a serem gradativamente incorporadas, no processo educacional, de forma que os jogadores aprendam a atuar com consciência política, ou seja, uma atuação que remeta a relações humanas e sociais.

5. O Jogo Teatral e o Futuro do Teatro

> *Contemplando as formas existentes no céu, pode-se compreender o tempo e suas diferentes exigências.*
> *Contemplando as formas existentes na sociedade humana, pode-se estruturar o mundo.*
>
> I Ching *O Livro das Mutações*

Na sua fala em um encontro sobre dramaturgia, em 1964, em Frankfurt, Max Frisch levantou a questão se o teatro teria um efeito "para além do prazer estético" e se possuiria uma função política. O dramaturgo suíço não manifesto mesmo otimismo de Brecht:

Milhões de espectadores viram Brecht e hão de vê-lo novamente; ouso duvidar que alguém tenha modificado, em função disso, seu pensamento político ou que o haja sequer submetido a um exame. Lembro-me de tempos, não muito remotos, quando historiadores de literatura, que agora escrevem sobre Brecht, consideravam cegueira o fato de se ver nesse agitador um poeta; hoje ele é um gênio, nós o sabemos, e atingiu a ineficácia de um clássico[1].

---

1. Walter Hinck, *Drama und Theater im 20. Jahrhundert*, Göttingen, Vandenhoeck & Ruprecht, 1972.

162 BRECHT: UM JOGO DE APRENDIZAGEM

Nos estudos sobre a peça didática, "um certo cansaço em relação a Brecht", apontado por alguns críticos alemães e justificado pela frase de Max Frisch, segundo a qual Brecht atingira "a ineficácia de um clássico", não se verifica.

O veemente empenho de Reiner Steinweg em favor da reabilitação da peça didática culminou na afirmação de que ela conteria a proposta revolucionária de Brecht para um "teatro do futuro", ao passo que as peças épicas de espetáculo, escritas no exílio, representariam soluções de emergência transitórias, de compromisso.

De fato, a utopia social e pedagógica de Brecht surge de forma mais tangível nos escritos teóricos relacionados com a peça didática. Se, por um lado, a "troca de função do teatro", em cujo contexto deve ser incluída essa teoria, se refere à prática teatral de Brecht, por outro, a diferenciação estabelecida entre a peça épica de espetáculo e a peça didática permite elucidar objetivos e procedimentos que são específicos. Embora se deva levar em consideração o contexto histórico-literário em que foram realizados os experimentos de Brecht, a teoria da peça didática propõe indicadores de caminhos para experimentos pedagógicos atuais.

A polêmica estabelecida em 1968, em torno da peça didática, evidencia que ela representa uma tipologia específica na dramaturgia de Brecht, constituindo o fundamento para uma prática pedagógica e teatral. A partir da teoria da peça didática, da dramaturgia a ela ligada e do caminho iniciado por Brecht na década de 20, que permaneceu em grande parte fragmentário e subterrâneo, torna-se agora possível divisar contribuições que revelam a atualidade de sua proposta.

Brecht reflete seguidamente sobre o caráter utópico do conjunto dos amplos objetivos sócio-pedagógicos de seu projeto. A "troca de função do teatro" é dificilmente realizável na ordem social capitalista. Subjaz à experimentação do dramaturgo a conceituação ideológica do marxismo, sendo o "desmantelamento da ideologia" proposto por diversos meios (ópera, peça didática, experimento sociológico) que pretendem pôr em xeque a ordem estabelecida, através de "demonstrações" (encenações) cujo objetivo é desnudar a estrutura da ordem capitalista. O ataque ao fundamento dessa ordem é proposto mediante um processo que visa abalar a base social dos aparatos e discutir a sua utilização no interesse de poucos. O teatro, a ópera, o cinema encontram à sua disposição um velho aparato, que, na realidade, está a serviço de uma instituição moribunda. Na visão de Brecht "(...) essa falta de

O JOGO TEATRAL E O FUTURO DO TEATRO 163

clareza sobre a situação que prevalece entre músicos, escritores e críticos tem conseqüências enormes, que são pouco observadas. Pois, acreditando que dominam um aparato que, na realidade, os domina, defendem um aparato sobre o qual não mais exercem controle, que não é mais, como ainda acreditam, meio para os produtores, mas sim meio contra os produtores".

As reflexões de Brecht sobre a teoria da mídia são, ainda, extremamente atuais, sendo que as contradições para as quais aponta se tornam hoje cada vez mais acirradas. A superação do impasse instaurado por um sistema social que acentua crescentemente a transformação da arte em mercadoria revela ser utópica a liberdade de criação e manifestação artística, constantemente ameaçada em meio à luta pelos meios de produção. O mesmo ponto de vista é corroborado por Heiner Müller. Este afirma que, no futuro, apenas pequenos grupos possibilitarão a experiência estética e serão capazes de formular uma qualidade política – "ilhas de desordem no mar da nossa sociedade capitalista".

Embora os textos sobre a teoria da pedagogia sejam fragmentários, é possível verificar que, ao lado do projeto pedagógico amplo, onde Brecht se confronta com a ordem social capitalista e a sua transformação a partir de uma perspectiva marxista, cabe identificar uma proposta educacional e a descrição de princípios e procedimentos para a sua realização.

A tese na qual Brecht fundamenta a sua teoria da peça didática é que o amador não deve almejar fazer teatro de espetáculo, o qual foi concebido para atores profissionais. O amador tem suas próprias potencialidades, as quais cumpre descobrir e esgotar. Brecht concebeu a peça didática especificamente para amadores, devendo ser enfatizado que quatro dos seis textos e dois fragmentos que compõem essa dramaturgia foram escritos especificamente para serem trabalhados por jovens.

A preocupação científica dos *Versuche*, caracterizados por Brecht como experimentos, revela que o teatro didático ativo continha uma proposta programática. O processo de escritura dessa dramaturgia (várias versões de um mesmo texto, seqüência dos textos como elos de uma cadeia) comprova a preocupação científica que é preciso buscar ainda no princípio estabelecido por Brecht para a relação de reversibilidade entre gesto e atitude.

A relação de causa e efeito entre o pensamento e a sua expressão física constitui o fundamento do conceito de aprendizagem em Brecht. Estados de espírito e cadeias de pensamentos são, para Brecht, determinados pelo físico. As atitudes corporais

164   BRECHT: UM JOGO DE APRENDIZAGEM

geram sentimentos e pensamentos. O conceito de *gestus*, central para toda a estética brechtiana, propõe tornar compreensível e acessível aquilo que é subjetivo, através do esclarecimento das relações interobjetivas, que se originam na convivência social. Decorre daí que o processo de educação da peça didática visa, através da execução e observação de gestos e atitudes, tornar conscientes posicionamentos internos, exteriorizando-os.

Brecht parte do princípio de que o jogo teatral, orientado com base nos textos das peças didáticas, propicia a elaboração de experiências e acontecimentos sociais, sendo que as concepções sobre o mundo e a sociedade podem ser então aprofundadas de uma forma que só é possível mediante os elementos do teatro. A proposta para educar os jovens através do jogo teatral aponta para um caminho de autoconhecimento. O jogador atua para si mesmo e não para outrem. Atuar é ser espectador de si próprio. A peça didática ensina quando a gente é atuante e, ao mesmo tempo, espectador dos próprios atos. Influenciar socialmente é assumir determinadas atitudes, realizar determinadas ações e repetir (citar) determinadas falas. O ato coletivo realiza-se por meio da imitação e crítica de modelos de comportamento, atitudes e discursos. Ensinar/aprender é gerar uma atitude crítica e um comportamento político. O conceito de aprendizagem representa uma via de autoconhecimento através do princípio da atividade do sujeito, que passa a ser artesão de sua própria educação, ao estabelecer a relação dialética teoria/prática. A aquisição do conhecimento se processa mediante o ato do jogo. A alternância entre "modelo de ação" (texto) e improvisação (trechos de invenção própria) visa ao comportamento ao mesmo tempo livre e disciplinado. O processo de aprendizagem tem por objetivo exercer uma influência sobre o *método de pensamento*. A atualização do conteúdo do texto se realiza mediante a imitação de objetos (eventos, gestos, tons de voz, atitudes) oriundos do cotidiano.

A proposição de modelos de ação *associais* desempenha uma função determinante, já que, a partir deles, todo o edifício da educação humanista é questionado. Ao experimentar, no jogo, o comportamento "negativo", o atuante conquista, através do processo de identificação com o reverso, conhecimento sobre aquilo que rejeitava, ou que lhe era menos familiar e estava mais distante.

A íntima relação entre o processo racional (pensamento/crítica), aliada à corporeidade do indivíduo que participa como sujeito ativo da realização do ato artístico, propõe que o estudo das

O JOGO TEATRAL E O FUTURO DO TEATRO 165

indicações sobre o sentido da peça didática não possa ser apreendido apenas através da pesquisa histórico-literária. "Aquilo que constitui uma virtude em nosso tempo não é utilizável no que concerne a outros tempos", declara Brecht, ao explicitar a função do *Comentário Fatzer*. Ele afirma, com ênfase, que o texto pode ser modificado pelos próprios jogadores, depois de experimentado e discutido. Os modelos associais propostos por Brecht, por meio da dramaturgia da peça didática, indicam que o comportamento "correto" é o resultado da imitação e crítica, realizada por intermédio do jogo. As peças didáticas foram projetadas como experimentos que visam levar a realidade a manifestar-se. O processo, tal qual foi considerado por Brecht, precisa ser reinventado. O texto da peça didática não objetiva realizar valores literários, enquanto obra acabada – o princípio do jogo teatral propõe que o próprio processo de criação, que deu origem ao texto, seja refeito. A meta é o exame coletivo de um recorte da realidade de vida dos participantes. Os "modelos de ação", delineados mediante os textos das peças didáticas, pretendem conduzir a um processo de aprendizagem, onde a relação entre indivíduo e coletivo seja submetida a um exame.

Uma vez que a investigação a ser realizada através de experimentos com a peça didática passa pelo filtro da relação a ser estabelecida pelo indivíduo com o coletivo, condição para que ela se realize é que o participante crie um vínculo entre o texto (modelo de ação) e o seu universo de vida (cotidiano). No exercício com a peça didática, trata-se, portanto, das experiências de cada um, passando a subjetividade a ser inter-relacionada com a reflexão sobre as condições sociais "objetivas" do comportamento subjetivo. O que diferencia o procedimento brechtiano de outras técnicas de dramatização (como, por exemplo, o *role-playing*) é o caráter estético do experimento. As proposições dos textos das peças didáticas passam a constituir núcleos de idéias universais, redefinidas e reorganizadas conforme suas implicações são operadas na experiência e confrontadas por oposições no argumento e através da prática de gestos e atitudes.

O instrumento mediante o qual se dão a redefinição e a reorganização dos núcleos de idéias universais é o jogo. Piaget indica que o jogo é o pensamento individual em sua forma mais pura; em seu conteúdo, é o desenvolvimento do eu e a realização dos desejos, por oposição ao pensamento racional socializado, que adapta o eu ao real e exprime as verdades comuns: em sua estrutura, o símbolo representado é para o indivíduo o que o signo

166   BRECHT: UM JOGO DE APRENDIZAGEM

verbal é para a sociedade. O jogo é, portanto, sob as suas duas formas essenciais de exercício sensório-motor e de simbolismo, uma assimilação do real à atividade própria, fornecendo a esta seu alimento necessário e transformando o real em função das necessidades múltiplas do eu. Contudo, se a assimilação é necessária à adaptação, ela constitui apenas um de seus aspectos. A adaptação completa que deve ser realizada pela infância consiste em uma síntese progressiva da assimilação com a acomodação. É por isso que, pela própria evolução interna, os jogos das crianças se transformam pouco a pouco em construções adaptadas, exigindo sempre mais trabalho efetivo. A síntese da assimilação e acomodação se realiza graças à própria inteligência, cujo trabalho unificador aumenta de acordo com a idade.

O jogo teatral, que não constitui uma estrutura na evolução genética do jogo na criança, deve ser compreendido como um "jogo de construção" que se desenvolverá no sentido de uma linguagem artística (teatro). Em oposição à assimilação pura da realidade ao eu, que caracteriza o jogo simbólico, o jogo teatral propõe um esforço de acomodação, através do processo de solução de problemas (interação com o outro).

O sistema de jogos teatrais de Spolin, que é dado relacionar com uma forma de aprendizagem cognitiva afetiva e psicomotora embasada no momento piagetiano para o desenvolvimento intelectual, propicia a alfabetização na linguagem artística do teatro, mediante a exploração e descoberta de unidades mínimas. Considerando que os instrumentos didáticos indicados por Brecht – "estranhamento" e "modelo de ação" – pressupõem um processo de iniciação do jovem ou leigo em teatro, os procedimentos desenvolvidos no sistema de jogos teatrais podem trazer grande contribuição para o exercício com a peça didática, à medida que propiciam a familiarização com o processo de improvisação teatral. Fundamentada em princípios desenvolvidos por Stanislavski, particularmente os conceitos de "foco" (ponto de concentração) e "fisicização" obtiveram no sistema de Spolin um grande desenvolvimento, baseado no jogo e na ação improvisada. O que diferencia o sistema de jogos teatrais é o procedimento de solução de problemas, que propicia a ruptura da "quarta parede" e propõe uma nova relação palco/platéia, na qual atuantes e observadores estão igualmente empenhados na solução do problema de atuação.

A aproximação entre os sistemas de Stanislavski e Brecht com vista a objetivos pedagógicos não tem por propósito equa-

O JOGO TEATRAL E O FUTURO DO TEATRO

cionar uma identidade entre as suas teorias do teatro. Do ponto de vista artístico, diferenças fundamentais de fato se evidenciam, determinadas por teorias de encenação que possuem pontos de partida e objetivos diferentes.

O encontro do Teatro de Arte de Moscou com Tchekhov foi, para a companhia, o encontro com um dos principais fatores de uma definição estética desse teatro com o conjunto e, para Stanislavski particularmente, o encontro de uma nova via de penetração não só na alma da peça como na do intérprete: a da mímese interior[2].

A dramaturgia sobre a qual trabalhou é, sem dúvida, determinante para a teatralidade stanislavskiana. Mas, ao encenar, Stanislavski coloca-se preponderantemente do ponto de vista do ator, enquanto Brecht é um encenador cujo ponto de partida está em seu ofício principal, que é o de dramaturgo. Decorre dessa diferença que, enquanto os estudos e exercícios de Stanislavski visam à criação da personagem, o método brechtiano não concerne em primeiro lugar ao trabalho de interpretação mas sim ao texto e suas necessidades. Se, do ponto de vista artístico, aparecem distinções fundamentais entre ambos os sistemas, a proposta de uma educação da sensorialidade permite a aproximação, com vista a objetivos pedagógicos.

A prática descrita no desenvolvimento do trabalho não se apresenta como modelar para o exercício com a peça didática. Procurou-se demonstrar o princípio através do qual se opera a passagem de uma construção da realidade egocêntrica ou subjetiva a uma concepção de realidade descentrada do eu. O jogo teatral constitui instrumento valioso, propiciando a "revolução copernicana" que se processa no indivíduo ao passar da relação de dependência para a independência.

Um segundo ponto de vista passível de ser comprovado é que, no início do processo em que prevalece o objetivo de educação da sensorialidade, o jogo exerce função fundamental para os procedimentos que pretendem atingir o "estranhamento". Sendo a corporeidade fator determinante de processos de percepção e aprendizagem, ela se inicia no plano sensorial, com vistas ao descondicionamento de ações que se tornaram rotina e de hábitos de percepção que se automatizaram. A educação da sen-

---

2. Jacó Guinsburg, *Stanislavski e o Teatro de Arte de Moscou*, São Paulo, Perspectiva, 1985, p. 133.

168 BRECHT: UM JOGO DE APRENDIZAGEM

sorialidade, aliada aos procedimentos com o jogo, promove o campo dentro do qual o texto literário será introduzido. A peça didática, constituída em "modelo de ação", visa completar o procedimento do "estranhamento" tal qual é definido por Brecht, sendo "superobjetivo" do processo educacional a conquista da consciência do homem como ser social e histórico.

Se o jogo cumpre funções didático-pedagógicas, ele se encontra também na origem do ritual, sendo a diferença entre ambos apenas de grau. Muitos jogos e folguedos guardam ainda resquícios ritualísticos, como as cirandas em torno de um mastro enfeitado ou o hábito de pular fogueiras. É possível reconhecer neles sobrevivências de antigos costumes, de instituições desaparecidas, de atividades econômicas hoje obsoletas, de cerimônias propiciatórias ou expiatórias, de ritos de fertilidade vegetal ligados ao longo passado agrário do homem. Fica aberto o problema de saber se, na origem, os jogos resultaram de tais instituições, atividades e costumes ou a eles deram nascimento.

A "festa" cívica espetacular, de Rousseau, anuncia a recuperação de "cerimônias plurais do prazer"[3].

> Mas não adotemos esses espetáculos exclusivos que encerram tristemente um pequeno número de pessoas em um antro escuro; que as mantêm temerosas e imóveis no silêncio e na inércia. (...) Não, povos felizes, não são estas as vossas festas. É preciso reunir-vos ao ar livre, sob o céu aberto e entregar-vos ao doce sentimento de vossa felicidade. (...) Mas quais serão afinal os objetivos desses espetáculos? O que mostrarão? Nada, se quisermos. Com liberdade, por toda parte onde reinar a afluência, o bem-estar aí estará reinando. Colocai em meio a uma praça uma estaca coroada de flores, reuni em torno o povo e tereis uma festa. Fazei melhor ainda: *transformai eles próprios em atores, fazei com que cada um se veja e se ame nos outros* a fim de que todos estejam mais unidos[4] (grifos meus).

Rousseau atribui ao teatro um papel eminentemente pedagógico na *polis*. Contesta na *Carta a D'Alembert* que o teatro seja favorável ao ideal pedagógico iluminista. O valor "artístico" do espetáculo é considerado relativo, sendo até mesmo condenado como inconveniente, com vista a sua utilidade, em relação aos interesses superiores da República. O autor de *Emílio*[5] retoma o

---

3. Luís R. Salinas Fortes, *O Paradoxo do Espetáculo*, tese de livre-docência apresentada à FFLCH/USP, 1984.

4. Jean-Jacques Rousseau, *Lettre à d'Alembert*, Paris, Garnier-Flammarion, 1967, p. 233.

5. *Idem, Emílio ou da Educação*, São Paulo, DIFEL, 1979.

O JOGO TEATRAL E O FUTURO DO TEATRO 169

debate estabelecido em torno da função social do teatro. Ela remonta a Platão e Aristóteles. Realizando uma leitura política dos espetáculos, subordinada a uma sociologia política, Rousseau não procede a uma simples recusa moralizante do teatro, como poderia parecer à primeira vista. No entanto, está presente na *Carta* a *supressão do espaço estético e artístico*, substituído pela catarse coletiva, mediante a qual as desigualdades sociais seriam exorcizadas.

Já em Schiller, a via estética, o "terceiro caráter", configura-se como caminho, que se afigura quase místico, rumo à sabedoria suprema. De acordo com Anatol Rosenfeld[6] as *Cartas sobre a Educação Estética da Humanidade* inserem-se na tradição das doutrinas que aspiram converter e redimir o homem. Nesse sentido, elas teriam certa afinidade com a sabedoria e a mística do taoísmo. Na teoria do jogo de Schiller, a estética torna-se prática educativa, sendo seu ponto de partida político. O Estado, a organização política da sociedade devem ser transformados segundo os imperativos da moral. A utopia de Schiller almeja um novo "estado natural", concepção esta profundamente influenciada por Rousseau, que encerra o desenvolvimento espiritual e moral. Em oposição a Rousseau, no entanto, Schiller enfatiza o "terceiro caráter" (o estético) como meio de educação para atingir o estádio moral.

Também na proposta brechtiana, o estético é constitutivo para uma educação política, que visa à transformação da organização social. Se o ritual comunitário em Rousseau busca sua inspiração no passado, através da recuperação do "estado natural" como fator de integração entre os homens, no *ritual político* de Brecht a utopia se projeta para o futuro, em função de uma sociedade socialista, onde exista a superação da divisão de classes. Perguntado como seria o teatro do futuro, afirma:

(...) sagrado, cerimonial, ritual (...) espectadores e atores não devem se aproximar mas sim estranhar-se de si mesmos, senão não ocorre o *espanto*, necessário ao *reconhecimento* (15, 189).

O que diferencia o ritual político brechtiano é o princípio do "estranhamento", o qual, ao incorporar o sensório e o racional,

---

6. Friedrich Schiller, *Cartas sobre a Educação Estética da Humanidade*, tradução: Roberto Schwarz, introdução e notas: Anatol Rosenfeld, São Paulo, Herder, 1964.

170 BRECHT: UM JOGO DE APRENDIZAGEM

pressupõe a experiência estética. Em lugar da comunhão, que provoca catarse, Brecht pretende o *espanto*. O componente metafísico, presente em Artaud, é substituído em Brecht pelos poderes sociais que passam a ser pensados e concretizados corporalmente, a fim de serem exorcizados, tal qual ocorre com os poderes sagrados.

Se a obra de arte perde, na era capitalista, a sua autenticidade (aura), numa sociedade socialista do futuro teria que haver uma "negação da negação", cuja realização em ato é a instauração do ritual político. A realização do espetáculo estaria então condicionada à participação do espectador no ato artístico. Esse ato não mais se daria mediante a "representação" de figuras (personagens) e situações, sendo assim anulado o princípio da identificação, substituído pela atuação que nasce da relação de jogo entre atuantes e espectadores.

Redigido ao mesmo tempo que o *Fragmento Fatzer*, encontra-se, entre o material para o fragmento *De Nada, Nada Será* (*Aus Nichts wird Nichts*), o seguinte escrito:

O maior erro seria o grotesco. Seriam pessoas em roupas brancas de trabalho, às vezes duas, às vezes três, tudo muito sério, assim como acrobatas são sérios – eles, não *clowns* são os modelos –, então os acontecimentos poderiam ser absolvidos simplesmente como cerimoniais: raiva ou arrependimento como práticas. O "terrível"[7] não pode ser, de forma alguma, uma figura, mas sim eu ou qualquer outro, da maneira como qualquer um se encontraria na situação. Assim como leitores lêem, esses jogadores devem jogar, sendo que nenhum deles interpreta algo determinado para si ou para o outro, mas todos se esforçam em expor algumas idéias básicas, como um time de futebol. É permitido que determinadas partes, que propõem apenas pressupostos, sejam faladas e declamadas rapidamente, quase que fora da apresentação em si. Todos devem agir como se pensassem diferente, ou seja, o todo[8].

Nos fragmentos de Brecht e nos textos das peças didáticas é possível vislumbrar uma proposta estética e pedagógica cujo caráter revolucionário e inovador merece tornar-se objeto de experimentação futura. A utopia presente nesses escritos, de acordo com a definição de Jacó Guinsburg, é uma "utopia controlada", constituindo uma antecipação que tem por função introduzir o

---

7. O "terrível" é Fatzer, o associal, personagem central.

8. Reiner Steinweg, "Das Theater der Zukunft – ein Politaeum über die Arbeit der Theatergruppe Angelus Novus, Wien, mit Brechts Fatzer-fragment". *In: Korrespondenzen... Lehrstück... Theater... Pädagogik*, caderno 2, 1986, p. 17.

O JOGO TEATRAL E O FUTURO DO TEATRO 171

processo de transformação social. A concretização dessa utopia é explicitada através do texto sobre *A Grande e a Pequena Pedagogia*, onde Brecht traça um plano operativo para o teatro. As peças didáticas são esboços de um teatro socialista do futuro. Ao mencionar, pouco tempo antes de sua morte, *A Decisão* como exemplo desse teatro, Brecht referia-se muito provavelmente à estrutura da teoria da peça didática e não apenas à temática dessa peça.

Neste contexto, é preciso retornar à tese de Reiner Steinweg, de acordo com a qual a peça didática e sua teoria conteriam a proposta revolucionária de Brecht para um "teatro do futuro", enquanto as peças épicas de espetáculo, escritas no exílio, representariam apenas "soluções de emergência transitórias". Embora esse ponto de vista tenha sido relativizado, pois o próprio autor o reconheceu como exacerbado[9], a postura radical de Brecht na década de 20 e início da década de 30 de fato se evidencia.

O processo de educação político-estético foi incorporado por Brecht à prática e teoria de encenação. Durante o exílio, a aproximação entre atuantes e espectadores é deslocada para o plano da recepção da obra de arte. No entanto, encontramos revelado nas observações finais para o *Pequeno Órganon para o Teatro* (1948), o pressuposto básico da encenação brechtiana – a incorporação do coletivo – através da participação do espectador no ato teatral:

> Então o espectador fará mais do que olhar. Terá um papel ativo. Em um teatro que será então seu poderá ter prazer e divertir-se (...) aqui ele se produz da forma mais prazerosa; pois a forma mais prazerosa da existência está na arte.

Novas relações se estabelecem na peça épica de espetáculo entre palco e platéia. A principal regra é aceitar o teatro como teatro, pressupor que ele é jogo. Brecht rompe com a unidade palco/platéia, recusando não apenas a ilusão do particular e individual, a ser purgado através do ato da identificação, como também o drama histórico, através do qual seriam demonstrados os grandes acontecimentos. Pelo contrário, relaciona constantemente o particular com o público, o grande acontecimento com o cotidiano. O espectador assume um papel ativo nesse processo de identificação e estranhamento, que objetiva a tomada de consciência histórica. O jogo teatral se torna, na peça épica de espetá-

---

9. *Idem, Brechts Modell der Lehrstücke*, Frankfurt, Suhrkamp, 1976, p. 11.

172 BRECHT: UM JOGO DE APRENDIZAGEM

culo, preparação para a ação enquanto a experiência estética promove o acesso ao político.

Apesar de toda a admiração de que as peças "maduras" do teatro épico são merecedoras, enquanto realização artística em que as obras de Brecht atingiram o seu ápice, a dramaturgia da peça didática, tantas vezes submetida a interpretações que induziram a equívocos, vem sendo hoje objeto de reavaliação e experimentação crescentes. Uma das razões deve ser procurada na própria temática dessa dramaturgia que tem se mostrado capaz de propiciar o aprofundamento da relação entre o indivíduo e o coletivo, dizendo portanto mais diretamente respeito ao homem inserido em uma cultura de massa. A esse fato, alia-se outro, de suma importância, que decorre do caráter da peça didática. Em se tratando de um teatro que recorre diretamente a procedimentos didático-pedagógicos, desempenha papel importante em um processo de democratização da arte. Se por um lado, a multiplicação desse processo permanece ainda, em grande parte, marginal ao sistema educacional, por outro, já constitui uma proposta de educação alternativa, sendo que os desdobramentos teórico-práticos a que foi submetido vieram contribuir para o esclarecimento de questões ligadas a uma pedagogia do teatro.

Bibliografia

BARTHES, Roland. *Crítica e Verdade*. São Paulo, Perspectiva, 1970.

BENJAMIN, Walter. *A Criança, o Brinquedo, a Educação*. Trad. Marcus Vinicius Mazzari, São Paulo, Summus, 1983.

_____ . *Versuche über Brecht*. Frankfurt, Suhrkamp, 1981.

BERENBERG, GOSSLER, STOSCH. *Brechtsdiskussion*, Stuttgart, Dronberg-Taurus, 1974.

BLOOM, Benjamin. *Taxonomy of Educational Objectives. The Classification of Educational Goals*. New York, David Mac Kay Comp., 1964.

BOAL, Augusto. *O Teatro do Oprimido*. Rio, Civilização Brasileira, 1977.

BOYD, Neva. *Handbook of Recreational Games*. New York, Dover, 1945.

BRUSTEIN, Robert. *O Teatro de Protesto*. Rio, Zahar, 1967.

CAMPOS, Haroldo de. *Ideograma. Lógica, Poesia, Linguagem*. São Paulo, Cultrix, Ed. Universidade de São Paulo, 1977.

CHKLOVSKI, Viktor e outros. *Texte der russischen Formalisten – I*. Munique, Wilhelm Finck Verlag, 1969.

CROYDEN, Margaret. *Lunatics, Lovers and Poets. The Contemporary Experimental Theatre*. New York, Delta Books, 1975.

DORT, Bernard. *Leituras de Brecht*. Lisboa, Forja, 1980.

DRUMMOND, Carlos. *Corpo*. São Paulo, Record, 1984.

ESSLIN, Martin. *Brecht. Dos Males o Menor*. Tradução: Bárbara Heliodora, Rio, Zahar, 1979.

FREIRE, Paulo. *Pedagogia do Oprimido*. Rio, Paz e Terra, 1970.

FURTH, Hans. *Piaget na Sala de Aula*. Rio, Forense, 1972.

GARCIA, Silvana. *Teatro da Militância*. São Paulo, Perspectiva, 1990.

174 BRECHT: UM JOGO DE APRENDIZAGEM

GUINSBURG, Jacó. *Stanislavski e o Teatro de Arte de Moscou*. São Paulo, Perspectiva, 1985.

HINCK, Walter. *Drama und Theater im 20. Jahrhundert*. Göttingen, Vandenhoeck & Ruprecht, 1972.

KESTING, Marianne. *Das epische Theater. Zur Struktur des modernen Dramas*. Stuttgart, Metzler, 1959.

KOUDELA, Ingrid Dormien. *Jogos Teatrais*. São Paulo, Perspectiva, 1984.

LANGER, Susanne. *'Filosofia em Nova Chave*. Tradução: Janete Meiches e J. Guinsburg, Perspectiva, 1971.

LESSING, Gotthold Ephraim. *Lessings sämtliche Schriften*. Leipzig, K. Lachmann, 1886.

MAKARENKO, A. S. *Poema Pedagógico*. São Paulo, Brasiliense, 1985.

MITTENZWEI, Werner. *Bertolt Brecht. Von der Massnahme zu Leben des Galilei*. Berlim, Aufbauverlag, 1977.

MÜLLER, Heiner. *Mauser*. Berlim, Rothbuchverlag, 1978.

——————. "Absage des Lehrstücks". *In*: Steinweg (editor) *Auf Anregung Bertolt Brechts*. Frankfurt, Suhrkamp, 1978, p. 232.

——————. *Teatro de Heiner Müller*. Introdução: Fernando Peixoto, tradução: Fernando Peixoto e Reinaldo Mestieri, São Paulo, Hucitec, 1987.

——————. *Untergang des egoisten Johann Fatzer*. Berlim, Henschelverlag, 1985 (manuscrito).

——————. *Wolokalomskerchaussee I e II*. Berlim, Henschelverlag, 1985 (manuscrito).

PIAGET, Jean. *A Formação do Símbolo na Criança*. Tradução: Álvaro Cabral, Rio, Zahar, 1975.

——————. *A Psicologia da Criança*. Tradução: Octavio Mendes Cajado, São Paulo, DIFEL, 1982.

——————. *O Julgamento Moral na Criança*. Tradução: Elzon Lenardon, São Paulo, Mestre Jou, 1977.

QUINTANA, Mário. *Lili Inventa o Mundo*. Porto Alegre, Mercado Aberto, 1983.

ROUSSEAU, Jean-Jacques. *Lettre à D'Alembert*. Paris, Garnier-Flammarion, 1967.

——————. *Emílio ou da Educação*. São Paulo, Difel, 1979.

SCHILLER, Friedrich. *Cartas sobre a Educação Estética da Humanidade*. Tradução: Roberto Schwartz, introdução e notas: Anatol Rosenfeld, São Paulo, Herder, 1963.

SCHUMACHER, Ernst. *Die dramatischen Versuche Bertolt Brechts 1918-1933*. Berlim, Das Europäische Buch, 1977.

SLADE, Peter. *O Jogo Dramático Infantil*. Tradução: Tatiana Belinsky, São Paulo, SUMMUS, 1978.

——————. *Child Drama*. Londres, University of London Press, 1954.

SPOLIN, Viola. *Improvisação para o Teatro*. Apresentação: Ingrid Dormien Koudela, tradução: Eduardo Amos e Ingrid D. Koudela, São Paulo, Perspectiva, 1979.

——————. *Theatre Game File*. St. Louis, Cemrel, 1982.

——————. *Theatre Games for Rehearsal. A Director's Handbook*. Evanston, Northwestern University Press, 1986.

BIBLIOGRAFIA   175

STANISLAVSKI, Constantin. *A Preparação do Ator*. Tradução: Pontes de Paula Lima, Rio, Civilização Brasileira, 1986.

—————. *A Criação do Papel*. Tradução: Pontes de Paula Lima, Rio, Civilização Brasileira, 1972.

STEINWEG, Reiner. *Das Lehrstück. Brechts Theorie einer politisch-ästhetischen Erziehung*. Stuttgart, Metzler, 1972.

—————. *Brechts Modell der Lehrstücke: Zeugnisse, Erfahrungen, Diskussion*. Frankfurt, Suhrkamp, 1976.

—————. *Auf Anregung Bertolt Brechts. Lehrstücke mit Schülern, Arbeitern, Theaterleuten*. Frankfurt, Suhrkamp, 1978.

—————. *Bertolt Brecht. Die Massnahme. Kritische Ausgabe mit einer Spieleinleitung von Reiner Steinweg*. Frankfurt, Suhrkamp, 1982.

—————. *Weil Wir ohne Waffen sind. Ein Theater pädagogisches Forschungsprojekt zur politischen Bildung*. Frankfurk, Brandes & Apsel, 1986, pp. 146-238.

VÖLKER, Klaus. *Bertolt Brecht. Eine Biographie*. Viena, Hauserverlag, 1976.

WALEY, Artur. *The No Plays of Japan*. New York, Grove Press, 1957.

WARD, Winifred. *Playmaking with Children from Kindergarten to Highschool*. New York, Appleton Century Crofts, 1957.

Artigos em Periódicos

BESSON, Benno. "Erprobung des Brechtschen Lehrstücks. Politiches Seminar im Stahlwerk Terni". *In: Alternative*, n° 107, Berlim, 1976, pp. 66-69.

BOHNERT, Christiane. "Auswahlbibliographie zu Brecht und seinem dramatischen Werk". *In: Wissenschaftliche Zeitschrift der Friedrich-Schiller Universität der DDR*. Iena, 1972, pp. 405-445.

BOLLE, Willi. "A Linguagem Gestual no Teatro de Brecht". *In: Revista de Língua e Literatura*, n° 5, São Paulo, Faculdade de Filosofia, Ciências e Letras, 1976.

BRENNER, Hildegard. "Die Fehldeutung der Lehrstücke. Zur Methode einer bürgerlichen Wissenschaft". *In: Alternative*, 78/79, Berlim, 1971, pp. 146-154.

COMBS, Charles. "A Piagetian View of Creative Dramatics: Delimited Play and Imitation". *In: Children's Theatre Review*, v. XXX, n° 2, 1981, pp. 25-31.

GRIMM, Reinhold. "Ideologische Tragödie und Tragödie der Ideologie". *In: Zeitschrift für deutsche Philologie* 78, 1959, pp. 395-424.

GUINSBURG, Jacó. "O Teatro no Gesto". *In: Rev. Polimica*, n° 2, 1980, pp. 47-50.

ILOT, Kilian. "Lehrstücke in der Praxis". *In: Arbeitshefte*. Berlim, Akademie der Künste der DDR, 1979, p. 126.

KAIETH, E. "Creative Dramatics as an Aid in Developing Creative Thinking Abilities". *In: Educational Theatre Journal*, 1967.

NOTATE 5. Informations und Mitteilungsblatt des Brechtzentrums der DDR, set. 1985, p. 6.

PIAGET, Jean. "A Educação Artística e a Psicologia da Criança". *In: Revista de Pedagogia*, ano XII, v. XII, n. 31, 1966, pp. 137-139.

176 BRECHT: UM JOGO DE APRENDIZAGEM

SCHWÄN, Kurt. "Die Horatier und die Kuriatier. Ein Lehrstück an Berliner Schulen". *In: Arbeitshefte*. Berlim, Akademie der Künste der DDR, 1979.

SIKS, Geraldine. "An Appraisal of Creative Dramatics". *In: Educational Theatre Journal* (dez. 1965), p. 331.

STEINWEG, Reiner. "Das Lehrstück – ein Modell des sozialistischen Theaters". *In: Alternative*, n. 78/79, Berlim, 1971, pp. 102-116.

_____ . "Das Theater der Zukunft – ein Politaeum. über die Arbeit der Theatergruppe Angelus Novus, Wien, mit Brechts Fatzer-fragment". *In: Korrespondenzen... Lehrstück... Theater... Pädagogik*, caderno 2, 1986, p. 17.

Trabalhos Não Publicados

PIQUETTE, Julia. *A Survey of the Contemporary Outlook Relative to the Teaching of Creative Dramatics as Evidenced in Selected Writings in the Field – 1939-1959*. Tese de doutoramento apresentada à Northwestern University, Illinois, 1963.

SALINAS Fortes, Luís R. *O Paradoxo do Espetáculo*. Tese de livre-docência apresentada à Faculdade de Filosofia, Ciências e Letras da Universidade de São Paulo, 1984.

SHAW, Ann Marie. *The Development of a Taxonomy of Educational Objectives in Creative Dramatics in the United States Based on Selected Writings in the Field*. Tese de doutoramento apresentada à Columbia University, 1968.

TEATRO NA ESTUDOS

João Caetano
Décio de Almeida Prado
(E011)

Mestres do Teatro I
John Gassner (E036)

Mestres do Teatro II
John Gassner (E048)

Artaud e o Teatro
Alain Virmaux (E058)

Improvisação para o Teatro
Viola Spolin (E062)

Jogo, Teatro & Pensamento
Richard Courtney (E076)

Teatro: Leste & Oeste
Leonard C. Pronko (E080)

Uma Atriz: Cacilda Becker
Nanci Fernandes e Maria T.
Vargas (orgs.) (E086)

TBC: Crônica de um Sonho
Alberto Guzik (E090)

Os Processos Criativos de Robert
Wilson
Luiz Roberto Galizia (E091)

Nelson Rodrigues: Dramaturgia e
Encenações
Sábato Magaldi (E098)

José de Alencar e o Teatro
João Roberto Faria (E100)

Sobre o Trabalho do Ator
M. Meiches e S. Fernandes
(E103)

Arthur de Azevedo: A Palavra e o
Riso
Antonio Martins (E107)

O Texto no Teatro
Sábato Magaldi (E111)

Teatro da Militância
Silvana Garcia (E113)

Brecht: Um Jogo de Aprendizagem
Ingrid D. Koudela (E117)

O Ator no Século XX
Odette Aslan (E119)

Zeami: Cena e Pensamento Nô
Sakae M. Giroux (EI22)

Um Teatro da Mulher
Elza Cunha de Vincenzo
(EI27)

Concerto Barroco às Óperas do Judeu
Francisco Maciel Silveira
(EI31)

Os Teatros Bunraku e Kabuki: Uma Visada Barroca
Darci Kusano (EI33)

O Teatro Realista no Brasil: 1855-1865
João Roberto Faria (EI36)

Antunes Filho e a Dimensão Utópica
Sebastião Milaré (EI40)

O Truque e a Alma
Angelo Maria Ripellino (EI45)

A Procura da Lucidez em Artaud
Vera Lúcia Felício (EI48)

Memória e Invenção: Gerald Thomas em Cena
Sílvia Fernandes (EI49)

O Inspetor Geral *de Gógol/Meyerhold*
Arlete Cavaliere (EI51)

O Teatro de Heiner Müller
Ruth C. de O. Röhl (EI52)

Falando de Shakespeare
Barbara Heliodora (EI55)

Moderna Dramaturgia Brasileira
Sábato Magaldi (EI59)

Work in Progress na Cena Contemporânea
Renato Cohen (EI62)

Stanislávski, Meierhold e Cia
J. Guinsburg (EI70)

Apresentação do Teatro Brasileiro Moderno

Décio de Almeida Prado
(EI72)

Da Cena em Cena
J. Guinsburg (EI75)

O Ator Compositor
Matteo Bonfitto (EI77)

Ruggero Jacobbi
Berenice Raulino (EI82)

Papel do Corpo no Corpo do Ator
Sônia Machado Azevedo
(EI84)

O Teatro em Progresso
Décio de Almeida Prado
(EI85)

Édipo em Tebas
Bernard Knox (EI86)

Depois do Espetáculo
Sábato Magaldi (EI92)

Em Busca da Brasilidade
Claudia Braga (EI94)

A Análise dos Espetáculos
Patrice Pavis (EI96)

As Máscaras Mutáveis do Buda Dourado
Mark Olsen (E207)

Crítica da Razão Teatral
Alessandra Vannucci (E211)

Caos e Dramaturgia
Rubens Rewald (E213)

Para Ler o Teatro
Anne Ubersfeld (E217)

Entre o Mediterrâneo e o Atlântico
Maria Lúcia de Souza B. Pupo
(E220)

Yukio Mishima: O Homem de Teatro e de Cinema
Darci Kusano (E225)

O Teatro da Natureza
Marta Metzler (E226)

Margem e Centro
Ana Lúcia V. de Andrade
(E227)

Ibsen e o Novo Sujeito da Modernidade
Tereza Menezes (E229)

Teatro Sempre
Sábato Magaldi (E232)

O Ator como Xamã
Gilberto Icle (E233)

A Terra de Cinzas e Diamantes
Eugenio Barba (E235)

A Ostra e a Pérola
Adriana Dantas de Mariz
(E237)

A Crítica de um Teatro Crítico
Rosangela Patriota (E240)

O Teatro no Cruzamento de Culturas
Patrice Pavis (E247)

Eisenstein Ultrateatral: Movimento Expressivo e Montagem de Atrações na Teoria do Espetáculo de Serguei Eisenstein
Vanessa Teixeira de Oliveira
(E249)

Teatro em Foco
Sábato Magaldi (E252)

A Arte do Ator entre os Séculos XVI e XVIII
Ana Portich (E254)

O Teatro no Século XVIII
Renata S. Junqueira e Maria Gloria C. Mazzi (orgs.) (E256)

A Gargalhada de Ulisses
Cleise Furtado Mendes (E258)

Dramaturgia da Memória no Teatro-Dança
Lícia Maria Morais Sánchez
(E259)

A Cena em Ensaios
Béatrice Picon-Vallin (E260)

Teatro da Morte
Tadeusz Kantor (E262)

Escritura Política no Texto Teatral
Hans-Thies Lehmann (E263)

Na Cena do Dr. Dapertutto
Maria Thais (E267)

A Cinética do Invisível
Matteo Bonfitto (E268)

Luigi Pirandello:
Um Teatro para Marta Abba
Martha Ribeiro (E275)

Teatralidades Contemporâneas
Sílvia Fernandes (E277)

Conversas sobre a Formação do Ator
Jacques Lassalle e Jean-Loup Rivière (E278)

A Encenação Contemporânea
Patrice Pavis (E279)

As Redes dos Oprimidos
Tristan Castro-Pozo (E283)

O Espaço da Tragédia
Gilson Motta (E290)

A Cena Contaminada
José Tonezzi (E291)

A Gênese da Vertigem
Antonio Araújo (E294)

A Fragmentação da Personagem no Texto Teatral
Maria Lúcia Levy Candeias
(E297)

Alquimistas do Palco: Os Laboratórios Teatrais na Europa
Mirella Schino (E299)

Palavras Praticadas: O Percurso Artístico de Jerzy Grotowski, 1959-1974
Tatiana Motta Lima (E300)

Persona Performática: Alteridade

*e Experiência na Obra de
Renato Cohen*
Ana Goldenstein Carvalhaes
(E301)

Como Parar de Atuar
Harold Guskin (E303)

*Metalinguagem e Teatro: A Obra de
Jorge Andrade*
Catarina Sant Anna (E304)

Enasios de um Percusro
Esther Priszkulnik (E306)

Função Estética da Luz
Roberto Gill Camargo (E307)

Poética de "Sem Lugar"
Gisela Dória (E311)

Entre o Ator e o Performer
Matteo Bonfitto (E316)

*A Missão Italiana: Histórias de
uma Geração de Diretores
Italianos no Brasil*
Alessandra Vannucci (E318)

*Além dos Limites: Teoria e Prática
do Teatro*
Josette Féral (E319)

*Ritmo e Dinâmica no Espetáculo
Teatral*
Jacyan Castilho (E320)

A Voz Articulada Pelo Coração
Meran Vargens (E321)

Beckett e a Implosão da Cena
Luiz Marfuz (E322)

Teorias da Recepção
Claudio Cajaiba (E323)

A Dança e Agit-Prop
Eugenia Casini Ropa (E329)

*O Soldado Nu: Raízes da Dança
Butô*
Éden Peretta (E332)

Teatro Hip-Hop
Roberta Estrela D'Alva (E333)

*Alegoria em Jogo: A Encenação
Como Prática Pedagógica*
Joaquim C.M. Gama (E335)

*Jorge Andrade: Um Dramaturgo no
Espaço-Tempo*
Carlos Antônio Rahal (E336)

*Campo Feito de Sonhos: Os Teatros
do Sesi*
Sônia Machado de Azevedo
(E339)

*Os Miseráveis Entram em Cena:
Brasil, 1950-1970*
Marina de Oliveira (E341)

*Teatro: A Redescoberta do Estilo e
Outros Escritos*
Michel Saint-Denis (E343)

Isto Não É um Ator
Melissa Ferreira (E344)

*Poética do Drama Moderno: de
Ibsen a Koltès*
Jean-Pierre Sarrazac (E348)

*Autoescrituras Performativas: Do
Diário à Cena*
Janaina Fontes Leite (E351)

Este livro foi impresso em Cotia,
nas oficinas da Meta Brasil,
para a Editora Perspectiva.